ସଫଳତାର

ବୈଜ୍ଞାନିକ କୌଶଳ

ବିସ୍ୱରୂପ ରାୟ ଚୌଧୁରୀ

(ମନ ଓ ଶରୀର ସମ୍ବନ୍ଧୀୟ ଜଣେମାତ୍ର ଓ୍ୱାର୍ଲ୍ଡ ରେକର୍ଡଧାରୀ ବ୍ୟକ୍ତି)

ଡାଇମଣ୍ଡ ବୁକ୍ସ

ISBN : 978-93-5083-273-8

ପ୍ରକାଶକ : ଡାଇମଣ୍ଡ ପକେଟ ବୁକ୍ସ(ପ୍ରା.) ଲିଃ
X-30, ଓଖଲା ଇଣ୍ଡଷ୍ଟ୍ରିଆଲ ଏରିଆ, ଫେଜ୍-II
ନୂଆ ଦିଲ୍ଲୀ - 110020

ଫୋନ : 011-40712100
Email : sales@dpb.in
ୱେବସାଇଟ : www.diamondbook.in
ସଂସ୍କରଣ : 2018
ମୁଦ୍ରଣ : Adarsh Printers Shahdara, Delhi -32

ସଫଳତାର ବୈଜ୍ଞାନିକ କୌଶଳ (ORIYA)

Biswaroop Roy Chowdhury

SAFALTA KI VEGYANIK TAKNEEK (ORIYA)

By: Biswaroop Roy Chowdhury

ଉତ୍ସର୍ଗ କରୁଛି

ମୋର ପ୍ରେରଣାର ଉତ୍ସ

ପୂଜ୍ୟ ପିତାମାତାଙ୍କ ଉଦ୍ଦେଶ୍ୟରେ

ଗିଲେସନସିପ

ସ୍ପୋର୍ଟ୍ସ

ମାଇଣ୍ଡ ପାୱାର

ଏକାଡେମିକ

୨୧ ଦିବସୀୟ ବ୍ରେନ୍ ରି-ୱାୟରିଂଗ ମାଷ୍ଟର ପ୍ଲାନ୍

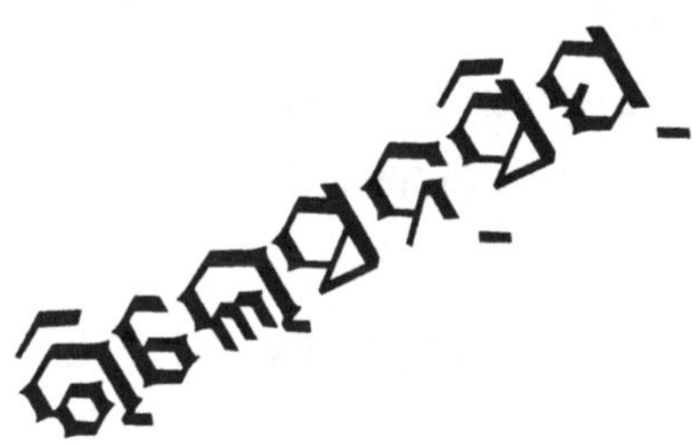

ପ୍ରୟୋଗ - ୧

ମାଇଣ୍ଡଷ୍ଟିକ୍ - ।

କ'ଣ ଆପଣ ବିଶ୍ୱାସ କରିବେ କି ! ଗୋଟିଏ ବେତ ବାଡ଼ିର ମଧ୍ୟ ଭାବିବା ଶକ୍ତି ଥାଏ ଆଉ ଆମେ ଚାହିଁଲେ ତା' ମନକଥା ପଢ଼ିପାରିବା ? କ'ଣ ଏକଥା ଶୁଣି ବିବ୍ରତ ହୋଇପଡ଼ିଲେ କି ?

ଏକ୍ସିଭିଟି-।

ଆସନ୍ତୁ,ଏହି ବେତ ବାଡ଼ିକୁ ନେଇ ଏକ ପରୀକ୍ଷଣ କରିବା ।

ପ୍ରଥମ ସୋପାନ : ବାଡ଼ିଟିକୁ ଚିତ୍ରରେ ଦର୍ଶାଯାଇଥିବା ଭଳି ଧରନ୍ତୁ ।

ଦ୍ୱିତୀୟ ସୋପାନ : ବାଡ଼ିରେ ଚିହ୍ନାଙ୍କିତ ନକାରାତ୍ମକ ସ୍ଥଳକୁ ଦେଖି ଭାରସାମ୍ୟ ରକ୍ଷା କରିବାକୁ ଚେଷ୍ଟା କରନ୍ତୁ ।

ତୃତୀୟ ସୋପାନ : କେବଳ ନକାରାତ୍ମକ ସ୍ଥାନରେ ଦୃଷ୍ଟି ନିକ୍ଷେପ କରନ୍ତୁ ।

ସମ୍ଭାବ୍ୟ ଫଳାଫଳ

ଆପଣ ବାଡ଼ିଟିକୁ ୧୫ ସେକେଣ୍ଡରୁ ଅଧିକ ଧରିରଖି ପାରିବେ ନାହିଁ ।

ଏକ୍ସିଭିଟି-॥

ପୁଣିଥରେ ବାଡ଼ିଟିକୁ ପାପୁଲିରେ ରଖି ଏଥର ଏହାର ସକାରାତ୍ମକ ଚିହ୍ନାଙ୍କିତ ଜାଗାକୁ ଲକ୍ଷ୍ୟ କରନ୍ତୁ ।

ସମ୍ଭାବ୍ୟ ଫଳାଫଳ

ଆପଣ ଅଧିକ ସମୟ ଧରି ଏହାର ଭାରସାମ୍ୟ ରକ୍ଷା କରିପାରିବେ ।

ପ୍ରୟୋଗ - ୨

ମାଇଣ୍ଡଷ୍ଟିକ୍ - II

ଏଥର କୁହନ୍ତୁ, ନିଜ ମାଇଣ୍ଡଷ୍ଟିକ୍ (ମସ୍ତିଷ୍କ ବାଡ଼ି)ର ପରୀକ୍ଷଣରୁ ଆପଣ କ'ଣ ଜାଣିଲେ ?

୧. **ଲକ୍ଷ୍ୟ ପରିବର୍ତ୍ତନ ହେଲେ, ଫଳାଫଳ ମଧ୍ୟ ବଦଳି ଯାଏ ।**

ଏକା ପ୍ରକାର କୃତ କର୍ମରୁ ଭିନ୍ନ ଭିନ୍ନ ଫଳ ମିଳେନି । ଏକ ନୂତନ ଓ ସୁଚିନ୍ତିତ କର୍ମ (ଇନୋଭେଟିଭ) ଦ୍ୱାରା ହିଁ ଇଚ୍ଛାନୁଯାୟୀ ଫଳ ପ୍ରାପ୍ତି ହେବ ।

୨. **ସକାରାତ୍ମକ ଚିନ୍ତା ନେଇ ନିଜର ଲକ୍ଷ୍ୟ ନିର୍ଦ୍ଧାରଣ କରନ୍ତୁ ।**

ନକାରାତ୍ମକ ଚିନ୍ତା ଦ୍ୱାରା ଜୀବନର ଭାରସାମ୍ୟ ରକ୍ଷା କରି ଲକ୍ଷ୍ୟସ୍ଥଳରେ ପହଞ୍ଚିବା ସମ୍ଭବ ନୁହଁ । ନିଜସ୍ୱ ଆତ୍ମବିଶ୍ୱାସକୁ ଦୃଢ଼ୀଭୂତ କରି ଦିନେ ନା ଦିନେ ଆମ ସ୍ୱପ୍ନ ନିଶ୍ଚେ ସାକାର ହେବ ବୋଲି ଆଶା ରଖନ୍ତୁ ।

୩. **କେବଳ କଠି ଶ୍ରମ ନୁହଁ ବରଂ ସ୍ମାର୍ଟକାମ ହିଁ ସଫଳତାର ଗୁବିକାଠି**

ଆପଣ ତଳକୁ ଦେଖି ମଧ୍ୟ ବାଡ଼ିଟିର ଭାରସାମ୍ୟ ରକ୍ଷା କରିପାରିବେ, କିନ୍ତୁ ଏହା ଏକ କଠିନ ବ୍ୟାପାର । ଭାରସାମ୍ୟ ରକ୍ଷାର ଅତ୍ୟାଧୁନିକ କୌଶଳ ପ୍ରୟୋଗ କରି ଇଚ୍ଛା ମୁତାବକ ଫଳ ଆପଣ ପାଇପାରିବେ ।

୪. **ପ୍ରଥମେ ପ୍ରଥମେ ଯେ କୌଣସି କାମ ଅସମ୍ଭବ ମନେ ହୁଏ, ପରେ ସହଜ ଲାଗେ ।**

ପ୍ରଥମେ ତଳ ଆଡକୁ ଦୃଷ୍ଟି ରଖି ବାଡିର ଭାରସାମ୍ୟ ରକ୍ଷା କରିବା କଷ୍ଟକର ଲାଗୁଥିଲା ପରେ କିନ୍ତୁ ଦୃଷ୍ଟି ଉପରକୁ କରିବାରୁ ଉକ୍ତକାମ କିପରି ସହଜ ଓ ସରଳ ମନେ ହେଲା ।

୫. **ନିତିଦିନ ନେଇଥିବା ଛୋଟ ଛୋଟ ପଦକ୍ଷେପରୁ ଆପଣ ସମୟାନୁକ୍ରମେ ଏକ ବିରାଟ ପରିବର୍ତ୍ତନ ଆଣି ପାରିବେ ।**

ଆପଣ ଆଶ୍ଚର୍ଯ୍ୟ ହେଇପାରନ୍ତି ଯେ ପ୍ରଥମେ ପ୍ରଥମେ କାହିଁକି ବାଡିଟିର ଭାରସାମ୍ୟ ରକ୍ଷା ହେଲାନି ? କାରଣ ବାଡ଼ିର ସ୍ଥିତିଗତି ଆମକୁ ସ୍ପଷ୍ଟ ଦେଖାଗଲାନି । ପାପୁଲିକୁ ଏପଟ ସେପଟ କରୁକରୁ ଡେରି ହେଇଯାଉଛି । କିନ୍ତୁ ବାଡିର ଉର୍ଦ୍ଧ୍ୱ ଭାଗକୁ ଲକ୍ଷ୍ୟ କଲେ ଆମେ ସବୁ ଜାଣିପାରୁ ଓ ପାପୁଲିକୁ ଯଥା ସ୍ଥାନକୁ ନେଇ ଭାରସାମ୍ୟ ରକ୍ଷାକରୁ । ଠିକ୍ ଏହିପରି ଭାବରେ, ଆମେ ନୂଆ କରି ଶିଖୁଥିବା ଜିନିଷରୁ ସାମାନ୍ୟ ଲାଭ ଦୃଷ୍ଟି ଗୋଚର ହୁଏ ସତ କିନ୍ତୁ 'ବିନ୍ଦୁ ବିନ୍ଦୁରେ ହିଁ ସିନ୍ଧୁର ସୃଷ୍ଟି' ହେଇଥାଏ । ସମୟାନୁକ୍ରମେ ପ୍ରତ୍ୟେକ ପ୍ରଚେଷ୍ଟାରୁ ସୁଫଳ ନିଶ୍ଚୟ ମିଳିଥାଏ ।

ପ୍ରୟୋଗ - ୩

ପାଟି କରୁଥିବା ବ'ଶ କିମ୍ବା ଅଧ୍ୟାପକଙ୍କ ସକାଶେ ନିଜସ୍ୱ ସଂଗ୍ରହାଳୟ

ଆପଣଙ୍କ ଉପରେ କେହି ଯଦି ରାଗିଲା, ପାଟିକଲା; ଉକ୍ତ ଦୃଶ୍ୟକୁ ଆପଣ ନିଜ ମନଶ୍ଚକ୍ଷୁରେ ବାରମ୍ବାର ଦେଖୁଥାନ୍ତି । ଫଳରେ ବେଶି ବାଧେ ଓ ମନଦୁଃଖ ହୁଏ । ଉକ୍ତ ଘଟଣା ଖୁବ୍ ପ୍ରଭାବିତ କରେ କାହିଁକି ? କ'ଣ ଏହାକୁ ମନରୁ ପୋଛିଦେଇ ମୁକ୍ତି ପାଇ ହବନି କି ? ଆପଣ ଚାହିଁଲେ, ଉକ୍ତ ଘଟଣାକୁ ହାସ୍ୟାସ୍ପଦ କରିଦେଇ ପାରନ୍ତି ।

୧. ନିଜ ମନ ମସ୍ତିଷ୍କରେ ଉକ୍ତ ଘଟଣାକୁ ଅନୁଧ୍ୟାନ କରନ୍ତୁ, ଯାହା ଆପଣଙ୍କୁ ବ୍ୟତିବ୍ୟସ୍ତ ଓ ବିବ୍ରତ କରୁଛି ।

୨. ଉକ୍ତ ଅନୁଭୂତିକୁ ନେଇ ଏକ କାର୍ଟୁନ ଚିତ୍ରର କଳ୍ପନା କରନ୍ତୁ । ନିଜ ଚଉକିରେ ସିଧା ହେଇ ବସିପଡନ୍ତୁ । ମୁଖମଣ୍ଡଳରେ ବିଦ୍ରୁପହସ ଟାଣନ୍ତୁ । ଗଭୀର ନିଶ୍ୱାସ ମାରନ୍ତୁ । ବର୍ତ୍ତମାନ ଏହି ଚିତ୍ରଟିକୁ ପଛକୁ ଟାଣି ନିଅନ୍ତୁ । ଏପରି ଟାଣନ୍ତୁ ଯେପରିକି ଅନ୍ୟ କୌଣସି ଦୃଶ୍ୟପଟ ଦୃଷ୍ଟିଗୋଚର ନ ହେଉ । ଯଦି କିଏ କିଛି କହିଲା ତେବେ ତା'ର ଶବ୍ଦଗୁଡିକୁ ଉଭେଇଗଲା ଭଳି ମନେକରନ୍ତୁ । ଏଥର ତାଙ୍କୁ ଆଗକୁ ଘଉଡେଇ ଦିଅନ୍ତୁ । ଚିତ୍ରରେ ଥିବା ସବୁତକ ରଂଗ ବଦଳେଇ ଦିଅନ୍ତୁ ଯେପରିକି ଇନ୍ଦ୍ରଧନୁର ସପ୍ତରଂଗ ସମସ୍ତଙ୍କ ମୁହଁରେ ନେସି ହେଇଯାଉ । ଯଦି ଯିଏ ପାଟିକଲା ତା' କାନଗୁଡ଼ିକୁ 'ମିକି ମାଉସ' ର କାନଭଳି ବଡ଼ କରିଦିଅନ୍ତୁ ଆଉ ନାକକୁ 'ପିନୋଶିୟୋ' ଭଳି ଲମ୍ବା ।

୩. ଏଥର ଉକ୍ତ ଘଟଣାକୁ ମନେ ପକାନ୍ତୁ; ଦେଖିବେ ଘଟଣାଟି ସାମାନ୍ୟ ଓ ପ୍ରଭାବଶୂନ୍ୟ ମନେହେବ । କ୍ରମେକ୍ରମେ ଠୁଳ ହେଇଥିବା ନକାରାତ୍ମକ ଭାବନା ସବୁ ଉଭେଇ ଯିବେ ଓ ମନ ହାଲୁକା ଲାଗିବ । ବର୍ଷ ବର୍ଷ ଧରି ବ୍ୟତିବ୍ୟସ୍ତ କରୁଥିବା ଯେ କୌଣସି ଘଟଣାକୁ ମଧ୍ୟ ଏହି ପଦ୍ଧତି ସହାୟତାରେ ଆପଣ କମେଇ ବା ସମାପ୍ତ ପ୍ରାୟ କରିଦେଇ ପାରିବେ ।

ଏହା ଏକ ଉତ୍ତମ ଓ ପ୍ରଭାବକାରୀ ଉପାୟ ହେଇପାରେ । ଏଥିରେ ଥିବା 'କାହିଁକି ଓ କେଉଁଠି?' କୁ ବିଶ୍ଳେଷଣ ବା ତର୍ଜମା କଲେ ଉକ୍ତ ପରିସ୍ଥିତି ମୁତାବକ ଘଟଣାକୁ ଭଲଭାବରେ ବୁଝାଯାଇପାରିବ ।

ଯେ କୌଣସି ଘଟଣାକୁ ଓଲଟପାଲଟ କରି ତର୍ଜମା କରିବା ଏକ ଉତ୍ତମ ପନ୍ଥା ହେଇପାରେ । ଏଥିରେ ସନ୍ଦେହ ନାହିଁ ।

ଏହା କିପରି ଓ କାହିଁକି ସମ୍ଭବ ହୁଏ ?

ଆମ୍ଭର ଭାବପ୍ରବଣତା ଉକ୍ତ ଛବିଗୁଡ଼ିକରେ ନିହିତ ଥାଏ, ଯାହା ଆମ ମନମସ୍ତିଷ୍କରେ ଅଙ୍କିତ ହୁଏ ।

ଏସବୁ ଭାବ ପ୍ରବଣତା ଶବ୍ଦସ୍ୱର ଓ ସମ୍ବେଦନା ଉପରେ ମଧ୍ୟ ଆଧାରିତ ଥାଏ; ଯେଉଁ ବିଶିଷ୍ଟ ଛବିଗୁଡ଼ିକ ସହିତ ଏହାର ସଂପର୍କ ସ୍ଥାପିତ ହେଇଥାଏ । ଏହାର ଚିତ୍ର ସାଂଗକୁ ଶବ୍ଦସ୍ୱର ପରିବର୍ତ୍ତନ ହେଇଯାଇଥାଏ । ବାରମ୍ବାର ଏଭଳି ହେବାଦ୍ୱାରା ଆମେ ପୂର୍ବ ପରିସ୍ଥିତିକୁ ଫେରିବା ଅପେକ୍ଷାକୃତ କଠିନ ବା ମୁସ୍କିଲ ହେଇଯାଏ ।

ପ୍ରୟୋଗ - ୪

ପ୍ରସନ୍ନ - ବିଜ୍ଞାନ

ଆନନ୍ଦର ଅନୁଭୂତି ସିଦ୍ଧାନ୍ତ ଗ୍ରହଣ ସହ ସମ୍ପର୍କିତ । ଏହାକୁ ନେଇ ଆସନ୍ତୁ ଚିନ୍ତା କରିବା । ଧରି ନିଅନ୍ତୁ ଏକ ମିଲିୟନ ଡଲାର ମଧ୍ୟ ବେଳେବେଳେ ମନରେ ଆନନ୍ଦ ଜନ୍ମେଇ ପାରେନା । କାହିଁକି ନା ଏକ ନିୟମାନୁସାରେ, 'ମୁଁ ଯେତେବେଳେ ମୋ ବିରାଟ ଲକ୍ଷ୍ୟ ହାସଲ କରିବି, ସେତେବେଳେ ହିଁ ନିଜେ ନିଜକୁ ଖୁସି ହେବା ପାଇଁ ସୁଯୋଗ ଦେବି ।' କିନ୍ତୁ ଦ୍ୱିତୀୟ ନିୟମ ମୁତାବକ ଠିକ୍ ଏହି କ୍ଷଣି ନିଜେ ନିଜର ଭବିଷ୍ୟତକୁ ନେଇ ଭଲ ଭଲ ଚିନ୍ତା କରନ୍ତି ସେତେବେଳେ ନିଜ ମସ୍ତିଷ୍କକୁ ଏଭଳି ବାର୍ତ୍ତା ଦିଅନ୍ତି ଯଦ୍ଵାରା କି ଆମ ମୁଖମଣ୍ଡଳ, ଛାତି ଓ ସର୍ବାଙ୍ଗ ଶରୀରର ପ୍ରତିଟି ଶିରାପ୍ରଶିରା ଝଙ୍କୃତ ହେଇପଡ଼େ । କେବଳ ଏତିକି ନୁହଁ, ଆମ ମସ୍ତିଷ୍କ ବାର୍ତ୍ତା ପାଇ ଆମ ଶ୍ଵାସକ୍ରିୟା ଓ ସ୍ନାୟୁତନ୍ତ୍ରରେ ରାସାୟନିକ ପ୍ରକ୍ରିୟା ଘଟାଇ ଏଭଳି ଏକ ଅନୁଭୂତି ପ୍ରଦାନ କରନ୍ତି ଯାହାକୁ ଆମେ 'ଆନନ୍ଦ' ବା 'ଖୁସି' ବୋଲି କହୁ ।

ଯଦି ଆମେ ଦ୍ୱିତୀୟ ସିଦ୍ଧାନ୍ତଟିକୁ ଗ୍ରହଣ କରୁ ତେବେ, ଆମ ଚିନ୍ତାଧାରାର ମାନଦଣ୍ଡ ଉଚ୍ଚ ହେଇଯାଏ । ଅର୍ଥାତ୍ ନିଜକୁ ଆନନ୍ଦିତ କରିବାର ସ୍ତରକୁ ଘେନି ଆସୁ । ପରିସ୍ଥିତି ଯାହା ହେଉ ନା କାହିଁକି । ଏହା ବୁଦ୍ଧିମତ୍ତାପୂର୍ଣ୍ଣ ମୂଲ୍ୟାଙ୍କନର ଦ୍ୟୋତକ ।

ଲକ୍ଷ୍ୟ ହାସଲର ଚରମ ପ୍ରାପ୍ତି ସକାଶେ ନିଜସ୍ୱ ସ୍ନାୟୁ ତନ୍ତୁକୁ ଅନୁକୂଳ ପରିସ୍ଥିତିରେ ଆଣି ଆନନ୍ଦାନୁଭୂତ କରିବା ଅର୍ଥାତ୍ ଲକ୍ଷ୍ୟ ପ୍ରାପ୍ତିକୁ ନେଇ ଡ୍ରାମା ଭଳି ରହର୍ସଲ କରି ବାରମ୍ବାର ଖୁସି ହେବା ।

ଏଭଳି ରିହର୍ସଲ କରିବା ଯଦ୍ଵାରା ଭାବପ୍ରବଣତା ଓ ଆନନ୍ଦ ଉତ୍ପନ୍ନ ସାଙ୍ଗକୁ ସ୍ୱପ୍ନଟି ସାକାର ରୂପ ଗ୍ରହଣ କରିବ ।

ଏଭଳି ବାରମ୍ବାର ଫୋକସ୍ ଦ୍ୱାରା ବର୍ତ୍ତମାନର ପରିସ୍ଥିତି ଓ ଲକ୍ଷ୍ୟସ୍ଥଳର ଆସନ୍ନ ଉପସ୍ଥିତି ମଧ୍ୟରେ ସୁନ୍ଦର ରାସ୍ତାଟିଏ ଗଢ଼ିଦେବ । ଏଭଳି ହେବାଦ୍ୱାରା ଆଶାନ୍ୱିତ ହେବା ସାଂଗକୁ ନିଷ୍ଚିନ୍ତତା ମଧ୍ୟ ବୃଦ୍ଧି ପାଇବ । ଆଉ ଦିନେ ନା ଦିନେ ମନସ୍କାମନା ପୂର୍ଣ୍ଣ ହେଇଯିବ । ଉକ୍ତ ନିଷ୍ଚିନ୍ତତାଯୁକ୍ତ କାର୍ଯ୍ୟର ସ୍ତର କୃତକାର୍ଯ୍ୟ ହେବାକୁ ସୁନିଷ୍ଚିତ କରିବ । ଦେଖିବେ, ଆତ୍ମବିଶ୍ୱାସ କିଭଳି ଅସମ୍ଭବ ଭାବେ ବୃଦ୍ଧି ପାଇବ । ଯଦ୍ଦ୍ୱାରା ଯଥେଷ୍ଟ ଓ ଉଦ୍‌ଯୋଗପୂର୍ଣ୍ଣ କାର୍ଯ୍ୟ ସକାଶେ ମାର୍ଗ ପ୍ରଶସ୍ତ ହେବ।

ଏହିପରି ଭାବରେ ଜଣେ ଶୀଘ୍ର ଫଳପ୍ରଦ କାର୍ଯ୍ୟ କରିପାରେ । ଏହାହିଁ ଶ୍ରେୟସ୍କର କାର୍ଯ୍ୟ ମଧ୍ୟ । କାହିଁକି ନା ତା 'ନହେଲେ ପ୍ରଯନ୍ ଓ ପ୍ରମାଦ ପ୍ରକ୍ରିୟାରେ ଏସବୁ କାର୍ଯ୍ୟ କରିବାକୁ ବର୍ଷ ବର୍ଷ ବିତିଯିବ ।

ପ୍ରୟୋଗ - ୫

କ୍ଷମା ଦାନର ବୈଜ୍ଞାନିକ ଆଧାର

ବାରମ୍ବାର କ୍ଷମା ଦେବା ମଧ୍ୟ ଏକ ଦୁର୍ଗୁଣ କହିଲେ ଭୁଲ୍ ହେବନି । କାହିଁକି ନା ବାରମ୍ବାର କ୍ଷମା ଦେଉଥିଲେ ଲୋକେ ହୁଏତ ଭୀରୁ ବା କାପୁରୁଷ କହିପାରନ୍ତି । ତଥାପି, କ୍ଷମା ନ ଦେବା ମଧ୍ୟ ନିଜ ସ୍ୱାସ୍ଥ୍ୟ ପ୍ରତି ଏକ ବିପଜ୍ଜନକ ବ୍ୟାପାର ।

ବିଗତ ଅତୀତରୁ ଜଣେ ବ୍ୟକ୍ତିକୁ ମନେ ପକାନ୍ତୁ; ଯିଏ ଆପଣଙ୍କର ଶତ୍ରୁ ହେଇ ଅନେକ କ୍ଷୟକ୍ଷତି ଘଟାଇଛି । ସେସବୁ ଘଟଣାକୁ ମନେପକାନ୍ତୁ । ମନେମନେ ମସ୍ତିଷ୍କର ପରଦାରେ ଚଳଚ୍ଚିତ୍ର ପରି ଭାସୁଥିବା ଶବ୍ଦସ୍ୱରକୁ ଶୁଣନ୍ତୁ ।

ବର୍ତ୍ତମାନ ଯେକୌଣସି ଗୋଟିଏ ପରେ ଛକି ଚିହ୍ନ ଦିଅନ୍ତୁ ।

ପ୍ରଶ୍ନ : ଆପଣଙ୍କୁ କିଭଳି ଲାଗୁଛି ?

କ) ମୁଁ ଆଦୌ କିଛି ଅନୁଭବ କରି ପାରୁନି ।

ଖ) ମତେ ଭାରି ଖରାପ ଲାଗୁଛି ।

ଖ) ମୁଁ ଭାରି ଖୁସି ହେଉଛି ।

ନିଶ୍ଚିତ ଭାବରେ ଆପଣଙ୍କୁ ଖୁବ୍ ଖରାପ ଲାଗୁଥିବ । ଆଉ ଘଟଣାଟି ଘଟୁଥିଲାବେଳେ ତ ଆହୁରି ବେଶି ଖରାପ ଲାଗିଥିବ । ସେତେବେଳେ ତାକୁ କ୍ଷମା ନକରି ପ୍ରତିଶୋଧ ନେବା କଥା ଚିନ୍ତା କରିଥିବେ ।

ଯେତେବେଳେ ପ୍ରତିଶୋଧ କଥା ଭାବିଥିବେ ତାକୁ ମନେ ପକେଇଲେ ମନଟା ଭାରି ଦୁଃଖ ଓ ବିଷର୍ଣ୍ଣ ହେଇପଡୁଥିବ । ବାଇଲୋଜିକାଲ ପ୍ରୋସେସ୍ ଅନୁଯାୟୀ ଲଗାତାର ହେଉଥିବା ମାନସିକ ଯନ୍ତ୍ରଣା ସମୟାନୁକ୍ରମେ ଏକ ଶାରୀରିକ ପୀଡ଼ାରେ ପରିଣତ ହେଇଯାଏ ଓ ପ୍ରତିଟି ଶିରା ପ୍ରଶିରାରେ ପହଞ୍ଚି ନାନାଦି କ୍ଷୟକ୍ଷତି ଘଟାଏ ।

ଏଣୁକରି ଯେ କୌଣସି ପ୍ରତିଶୋଧ ନେବା କଥା ଚିନ୍ତା କରିବା ପୂର୍ବରୁ ସତର୍କ ହୁଅନ୍ତୁ; ତା'ନହେଲେ ନିଜସ୍ୱ ଶରୀରର ହିଁ ଅନେକାଂଶରେ କ୍ଷତି ହେଇଥାଏ।

ପ୍ରୟୋଗ - ୬

ବଦଭ୍ୟାସରୁ ମୁକ୍ତି ପାଇଁ ରବର୍ ବେଣ୍ଡ ପଦ୍ଧତି

ଆମେ ସମସ୍ତେ କୌଣସି ନା କୌଣସି ବଦଭ୍ୟାସର ବଶବର୍ତ୍ତୀ ହେଇଥାଉ, ଯଥା: ନଖ ଚୈବେଇବା,ଶୀଘ୍ର ରାଗିଯିବା, ସବୁବେଳେ ଚକୋଲେଟ କିମ୍ବା ଆଇସ୍କ୍ରିମ ଖାଇବାକୁ ଇଚ୍ଛା କରିବା .... ଇତ୍ୟାଦି ।

ଏସବୁ ବଦଭ୍ୟାସକୁ ଯେକୌଣସି ଏକ ଶାରୀରିକ ଦଣ୍ଡ ସହିତ ସଂଶ୍ଳିଷ୍ଟ କରିଦେଲେ ଏଥିରୁ ମୁକ୍ତି ମିଳିପାରେ ।

ଯଥା: ରବର ବେଣ୍ଡ ପଦ୍ଧତି ଅନୁସରଣ କରାଯାଇପାରେ; ଯଦ୍ୱାରା କି ବଦଭ୍ୟାସରୁ ମୁକ୍ତ ହେଇ ନିଜ ଜୀବନକୁ ଗୁରୁତ୍ୱପୂର୍ଣ୍ଣ ସଦକାର୍ଯ୍ୟରେ ବିନିଯୋଗ କରାଯାଇପାରେ ।

ପ୍ରଥମ ସୋପାନ : ନିଜର ମଣିବନ୍ଧ (ଘଡ଼ି ପିନ୍ଧୁଥିବା ଜାଗା)ରେ ରବର ବ୍ୟାଣ୍ଡଟିଏ ଗଳେଇ ରଖନ୍ତୁ ।

ଦ୍ୱିତୀୟ ସୋପାନ : ମନରେ ବଦଭ୍ୟାସ ପ୍ରତି ଦୁର୍ବଳତା ପ୍ରକାଶ ହେବା କ୍ଷଣି ଉକ୍ତ ରବର ବ୍ୟାଣ୍ଡଟିକୁ ଟାଣି ଛାଡ଼ି ଦିଆଯାଉ । ଯଦ୍ୱାରା ଏହା ଦେହରେ ପିଟି ହେଇ 'ଲ-ଅଫ୍-ଏସୋସିଏସନ୍' ସହାୟତାରେ ଉତ୍ପନ୍ନ କଷ୍ଟ ଯୋଗୁଁ ନକାରାତ୍ମକ ବିଗ୍ରହକୁ ପରିତ୍ୟାଗ କରି ହଠାତ୍ ସକାରାତ୍ମକ ଦିଗକୁ ଯିବାକୁ ମସ୍ତିଷ୍କ ଉଦ୍ୟତ ବା ପ୍ରବୃତ୍ତ ହେବ ।

ପ୍ରୟୋଗ - ୭

ସଚ୍ଚୋଟପଣିଆ ସ୍ୱାସ୍ଥ୍ୟ ପକ୍ଷରେ ହିତକର କାହିଁକି ?

କିଛିଦିନତଳେ ଆପଣ କାହାକୁ ଠକି ଥିବା ଘଟଣାକୁ ମନେ ପକାନ୍ତୁ । ବର୍ତ୍ତମାନ ଉକ୍ତ ଘଟଣାକୁ ନେଇ ଠକି ହେଇଥିବା ବ୍ୟକ୍ତିର ଦୃଷ୍ଟିଭଙ୍ଗୀକୁ ଅନୁଧ୍ୟାନ କରନ୍ତୁ ଯେ ଆପଣଙ୍କ ଠକ ପ୍ରବୃତ୍ତିଟି ତାଙ୍କ ମାନସପଟଳରେ କିଭଳି ପ୍ରଭାବ ପକାଇଥିବ ! ପୁଣିଥରେ ଉକ୍ତ ଘଟଣାକୁ ମନେ ପକାନ୍ତୁ ।

ବର୍ତ୍ତମାନ ଆପଣ କିଭଳି ଅନୁଭବ କରୁଛନ୍ତି ? ଏ ପ୍ରଶ୍ନର ଉତ୍ତର ନିମ୍ନ ମଧ୍ୟରୁ କେଉଁଟି ହେଇପାରେ ?

କ) ମୁଁ ଆଦୌ ଅନୁଭବ କରି ପାରୁନି ।

ଖ) ମତେ ଭାରି ଖରାପ ଲାଗୁଛି ।

ଖ) ମୁଁ ଭାରି ଖୁସି ହେଉଛି ।

ଅବଶ୍ୟ ଠକ ବା ବେଇମାନ ହେବା ମାନବର ଏକ ସହଜାତ ପ୍ରବୃତ୍ତି ହେଇପାରେ କିନ୍ତୁ ଏ ସମ୍ବନ୍ଧରେ ଚିନ୍ତା କଲେ ମନରେ ଏକ ନକାରାତ୍ମକ ଭାବ ଉତ୍ପନ୍ନ ହେଇଥାଏ ।

ମନେ ରଖନ୍ତୁ, ଯେ କୌଣସି ପ୍ରକାର ନକାରାତ୍ମକ ଭାବ ଆମ ଦେହରେ ଏକ 'ବାୟୋକେମିକାଲ' ପରିବର୍ତ୍ତନ ଘଟାଇଥାଏ । ଯଦ୍ଦ୍ୱାରା ଆମର ଶରୀରିକ କ୍ଷୟକ୍ଷତି ସାଂଗକୁ ମନ ମଧ୍ୟ ଦୁର୍ବଳ ହେଇପଡ଼େ । ଦୀର୍ଘ ସମୟ ଧରି ମନ ମସ୍ତିଷ୍କରେ ବ୍ୟାପ୍ତ ଏଭଳି ନାକାରାତ୍ମକ ଭାବ ଯୋଗୁଁ କ୍ୟାନ୍ସର ଭଳି ଭୟଙ୍କର ରୋଗ ମଧ୍ୟ ସୃଷ୍ଟି ହେଇପାରେ ।

ପ୍ରୟୋଗ - ୮

'ମର୍ଣ୍ଣିଂ ପାୱାର' ପ୍ରଶ୍ନ

ମନେଅଛି ! 'ମାଗ, ନିଶ୍ଚୟ ପାଇବ !'' ଯିଏ ଯାହା ମାଗେ, ତାହା ପାଇଥାଏ । ଯଦି ଜଣେ ବିପଜ୍ଜନକ ହେଇପାରେ । ମସ୍ତିଷ୍କ ଏକ କ-୍ୟୁଟର ଭଳି ସଦାସର୍ବଦା ଆମକୁ ସାହାଯ୍ୟ କରିଥାଏ । ଆମେ ପ୍ରଶ୍ନ କଲେ ସେ ଉତ୍ତର ଦେଇଥାଏ ।

କୃତୀ ବ୍ୟକ୍ତି ଜଣକ ଉତ୍ତମ ପ୍ରଶ୍ନ କରି ଉତ୍ତମ ଉତ୍ତର ପାଇଥାନ୍ତି । ଯଦ୍ଦ୍ୱାରା ତାଙ୍କ ମନଲାଖି ଫଳାଫଳ ପ୍ରାପ୍ତି ସକାଶେ ଅନୁକୂଳ ପରିସ୍ଥିତି ସୃଷ୍ଟ ହେଇଥାଏ ।

କେବଳ ପୃଷ୍ଟ ପ୍ରଶ୍ନ ନୁହଁ ବରଂ ପଗ୍ଚରି ନଥିବା ପ୍ରଶ୍ନର ଉତ୍ତର ମଧ୍ୟ ବେଳେବେଳେ ଆମ ଭାଗ୍ୟକୁ ଗଢ଼ି ତୋଳନ୍ତି ।

ଆମେ ଆମର ଲକ୍ଷ୍ୟକୁ ଯେଉଁଠି କେନ୍ଦ୍ରୀଭୂତ କରୁ, ଆମ ଜୀବନର ଅନୁଭୂତି ମଧ୍ୟ ତା'ରି ଉପରେ ଆଧାରିତ ଥାଏ । ନିମ୍ନ ଲିଖିତ ପ୍ରଶ୍ନସବୁ ଏଥି ପାଇଁ ତିଆରି କରାଯାଇଛି ଯଦ୍ଦ୍ୱାରା ଆମେ ଆମ ଜୀବନର ବାଞ୍ଛିତ ସଫଳତା ହାସଲ କରି ଜୀବନରେ ଆନନ୍ଦ, ଉତ୍ସାହ, ଗର୍ବ, କୃତଜ୍ଞତା, ପ୍ରେମ ଓ ପରାକାଷ୍ଠା ଭରି ଦେଇପାରିବା । ମନେ ରଖନ୍ତୁ ଶ୍ରେଷ୍ଠ ପ୍ରଶ୍ନ ଦ୍ୱାରା ହିଁ ଶ୍ରେଷ୍ଠ ଜୀବନ ପାଇହୁଏ ।

ବର୍ତ୍ତମାନ ନିମ୍ନଲିଖିତ ପ୍ରଶ୍ନଗୁଡ଼ିକର ଉତ୍ତର ଦିଅନ୍ତୁ ।

୧. ମୁଁ ମୋ ଜୀବନରେ ସବୁଠୁ ବେଶି କ'ଣ ପାଇଁ ଖୁସି ? ସେଥିରେ ଏମିତି କ'ଣ ଅଛି ଯେ ଯଦ୍ଦ୍ୱାରା ମୁଁ ଖୁସି ହୁଏ ? ସେଥିରୁ ମତେ କ'ଣ ମିଳେ ?

୨. ମୁଁ ମୋ ଜୀବନରେ କ'ଣ ପାଇଁ ବେଶି ରାଗେ ? ସେଥିରେ କ'ଣ ଅଛି, ଯାହା ମତେ ଉତ୍ତେଜିତ କରିଦିଏ ? ଏଥିରୁ ମୁଁ କ'ଣ ଅନୁଭବ କରେ ?

୩. ମୁଁ ମୋ ଜୀବନରେ କ'ଣ ପାଇଁ ବେଶି ଗର୍ବିତ ? ସେଥିରେ ଏମିତି କ'ଣ ଅଛି ଯେ ମୁଁ ଗର୍ବ ଅନୁଭବ କରେ ? ସତରେ ମତେ ଏହା କେମିତି ଲାଗେ?

୪. ମୁଁ ମୋ ଜୀବନରେ କାହା ପାଇଁ କୃତଜ୍ଞ ? ତାଙ୍କ କେଉଁ ଗୁଣ ପାଇଁ କୃତଜ୍ଞ ?

୫. ମୁଁ ମୋ ଜୀବନରେ ସବୁଠୁ ବେଶି କେଉଁ ପ୍ରକାର ଆନନ୍ଦ ଲାଭ କରେ ? ତାଙ୍କ ଠାରେ କ'ଣ ଥିବାରୁ ମୁଁ ଆନନ୍ଦିତ ହୁଏ ? ଏହାଦ୍ୱାରା ମୁଁ କ'ଣ ଅନୁଭବ କରେ ?

୬. ମୁଁ ମୋ ଜୀବନରେ କାହାକୁ କିଛି କଥା ଦେଇଛି କି ? ତାଙ୍କ କେଉଁ ଗୁଣ ପାଇଁ ମୁଁ ଏଭଳି କଥା ଦେଇଛି ? ଏହାଦ୍ୱାରା ମୁଁ କ'ଣ ପାଉଛି ?

ପ୍ରୟୋଗ - ୯

ଷ୍ଟ୍ରେସ୍ ବର୍ଷ୍ଟର ମାଇଣ୍ଡ କ୍ୟାପସୁଲ୍

ମାନସିକ ଗ୍ରପରୁ ଶୀଘ୍ର ମୁକ୍ତ ହେବାର ୬ଟି ଉପାୟ୍

ମାନସିକ ଗ୍ରପ ଯୋଗୁଁ ଆମର କ୍ଷମତା ହ୍ରାସ ପାଇଥାଏ ଓ ଲେଖାପଢ଼ା ମଧ୍ୟ ବାଧିତ ହୁଏ । ଭବିଷ୍ୟତରେ ଏଭଳି ମାନସିକ ଗ୍ରପରୁ ଶୀଘ୍ର ମୁକ୍ତ ହେବା ପାଇଁ ନିମ୍ନ ଲିଖିତ ୬ଟି ଉପାୟ ଅନୁସରଣ କରନ୍ତୁ;

୧. ରିସର୍ଚ୍ଚ (ଗବେଷଣା)ରୁ ଜଣା ପଡିଛି ଯେ ଚିନ୍ତିତ ହେଲେ ମାନସିକ ଗ୍ରପ ଓ ଭୟ ସୃଷ୍ଟି ହେଇଥାଏ । ଏସବୁ ଆମ ପେଟର ସ୍ନାୟୁକୁ ପ୍ରଭାବିତ କରିଥାଏ ଓ ପାଚକ ରସରେ ପରିବର୍ତ୍ତନ ଆଣି ଭବିଷ୍ୟତରେ ଅଲ୍‌ସର ଭଳି ରୋଗ ସୃଷ୍ଟି କରିଥାନ୍ତି ।

'ଯେଉଁ ବ୍ୟକ୍ତିମାନେ ଚିନ୍ତାରୁ ମୁକ୍ତ ହେବାର କୌଶଳ ଜାଣି ନାହାନ୍ତି, ସେମାନେ ଯୁବାବସ୍ଥାରେ ମଧ୍ୟ ମୃତ୍ୟୁ ମୁଖରେ ପଡ଼ିଥାନ୍ତି ।' -ଡଃ ଏଲେକ୍ସିସ କ୍ୟାରଲ

୨. ଚିନ୍ତାର ସବୁଠୁ ବଡ଼ ଦୁର୍ଗୁଣ ହେଲା ମନୋନିବେଶର ସାମର୍ଥ୍ୟକୁ ହ୍ରାସ କରିଦେବା । ଚିନ୍ତିତ ଥିବା ସମୟରେ ସିଦ୍ଧାନ୍ତ ଗ୍ରହଣର ସାମର୍ଥ୍ୟ ନଥାଏ । ଅବଶ୍ୟ ଆମେ ବାଧ୍ୟ ହେଇ ଯେକୌଣସି ପରିସ୍ଥିତିର ମୁକାବିଲା କରିବାକୁ ପ୍ରସ୍ତୁତ ରହୁ ଆଉ ସବୁତକ ଆଶଙ୍କା ଦୂରୀଭୂତ ହେଇଯାଏ ଓ ଆମେ ନିଜ ସମସ୍ୟା ପ୍ରତି ଯତ୍ନବାନ ହେଇଥାଉ ।

୩. **ଏଇୟା କରନ୍ତୁ :** ଏଥର ନିଜ ମତାମତ ଓ କାର୍ଯ୍ୟ କରିବାର ଇଚ୍ଛାକୁ ଶୀଘ୍ର ପରିବର୍ତ୍ତନ କରିବା ପାଇଁ ଏପ୍ରକାର ଆଧୁନିକ କୌଶଳ ପ୍ରୟୋଗ କରନ୍ତୁ । ମନେ ହୁଏ ଭାବପ୍ରବଣତା ପଛରେ କର୍ମ ଗ୍ଲିଥାଏ କିନ୍ତୁ ବାସ୍ତବରେ ଦୁହେଁ ଏକା ସାଂଗରେ ଗତି କରିଥାନ୍ତି । ଯଦି ଆମେ ଇପ୍‌ସିତ କର୍ମକୁ ନିଜ ଆୟତ୍ତାଧୀନ କରିବା ତା'ହେଲେ ପରୋକ୍ଷ ଭାବରେ ନିଜ ଭାବପ୍ରବଣତାକୁ ହାତ ମୁଠାରେ ରଖିପାରିବା ଯାହାକି ସାଧାରଣତଃ ସମ୍ଭବ ହୁଏନି ।

୪. **ନିମ୍ନ ଲିଖିତ ବାକ୍ୟକୁ ମନଦେଇ ପଢନ୍ତୁ**

ବ୍ୟକ୍ତି ଜଣକ **'କିଛି ହେବା'** ବଦଳରେ 'କ'ଣ ହେଲା' ମନ୍ତବ୍ୟକୁ ନେଇ ଭାରି ଦୁଃଖିତ ହୁଏ । ଏଣୁକରି ସବୁବେଳେ ହସହସ ଜଣାପଡ଼ିବା ଉଚିତ୍ । ଏପରି ମିଠା ମିଠା କଥା କୁହନ୍ତୁ ସତେକି ଆଗରୁ ବେଶ୍ ଖୁସିରେ ଅଛନ୍ତି । ସମ୍ଭବ ହେଲେ କ୍ଷଣିକ ପାଇଁ ମନଖୋଲି ନାଚିଦେଲେ ମଧ୍ୟ କ୍ଷତି କ'ଣ ?

ଆବ୍ରାହମ୍ ଲିଙ୍କନ କହିଥିଲେ -

"ଅଧିକାଂଶ ଲୋକ ଠିକ୍ ସେତେ ପରିମାଣରେ ଖୁସି ହୁଅନ୍ତି, ଯେତେ ପରିମାଣରେ ସେମାନେ ଆଗରୁ ପ୍ରସ୍ତୁତ ହେଇ ରହିଥିଲେ ।"

୫. **'ମୋ ପାଖରେ ଜୋତା ନଥିବାରୁ ମୁଁ ବିଶେଷ ଦୁଃଖିତ ଥିଲି, କିନ୍ତୁ ଦିନେ ରାସ୍ତାରେ ଦେଖିଲି ଜଣେ ଲୋକର ଆଦୌ ଗୋଡ଼ ନଥିଲା ।'**

ଉକ୍ତ ସୂକ୍ତିଟିକୁ ପ୍ରତିଦିନ ପଢ଼ିଲେ ଆମ ପାଖରେ ନଥିବା ବସ୍ତୁ ପାଇଁ ଆମେ ବିଶେଷ ଦୁଃଖିତ ହେବା ନାହିଁକି ବେଶି ଝୁରିମଧ୍ୟ ହେବାନି ।

୬. **ଭିଜୁଏଲାଇଜେସନ୍ ଟେକନିକ୍ (ମାନସିକ ଚିତ୍ରଣ କୌଶଳ):-** ନିଜ ଜୀବନରେ ଆସିଥିବା ଖୁବ୍ ଭଲଭଲ ସମୟଗୁଡିକୁ ମନେ ରଖନ୍ତୁ । ଆଉ ଯେତେବେଳେ କୌଣସି ମାନସିକ ଗ୍ଲାନିର ଶିକାର ହୁଅନ୍ତି, ତେବେ ଉକ୍ତ ଦୁର୍ଲଭ ସମୟଗୁଡ଼ିକୁ 'ଫ୍ଲାସ୍ ବ୍ୟାକ୍ ଷ୍ଟାଇଲ୍'ରେ ମନେ ପକେଇ ଚାଲନ୍ତୁ । ଦେଖିବେ ମାନସିକ ଗ୍ଲାନିରୁ ଆପଣ ମୁକ୍ତି ପାଇ ସାରିଥିବେ ।

'ଆମେ ଯାହା ଅଛୁ ତାହା ନହେଇ ବରଂ ଯାହା ଚିନ୍ତା କରିଥାଉ ସମୟାନୁକ୍ରମେ ସେଇୟା ହେଇଯାଉ ।'

ଆର ଥରକୁ ମାନସିକ ଗ୍ଲାନିଗ୍ରସ୍ତ ହେଲେ ସେଥିରୁ ମୁକ୍ତି ପାଇଁ ଏସବୁ ଉପାୟ ଅବଲମ୍ବନ କରାଯାଇପାରେ ।

ପ୍ରୟୋଗ - ୧୦

ବନ୍ଧୁତା ସ୍ଥାପନର ସରଳ ଉପାୟ-୧

ସୂତ୍ର : ସ୍ମିତହାସ୍ୟ(ମୃଦୁହସ) ଅସଂଖ୍ୟ ସମ୍ଭାବନାର ଦ୍ୟୋତକ ।

ଶୁଭେଚ୍ଛା ଜଣେଇବାର ସୂକ୍ଷ୍ମ ଓ ସରଳ ଉପାୟ । ଯେଉଁ ବ୍ୟକ୍ତି ଜଣକ ଅସଂଖ୍ୟ ରାଗରୁଷା ଓ କ୍ରୋଧ ଜର୍ଜରିତ ମୁଖମୁଦ୍ରା ଦେଖିଛନ୍ତି; ତାଙ୍କ ପାଇଁ ଆପଣଙ୍କ ସାମାନ୍ୟ ଏକ ସ୍ମିତହାସ୍ୟ ସତେକି ମେଘ ଢଙ୍କା ଆକାଶରେ ସୌର ରଶ୍ମି ସଦୃଶ ପ୍ରତୀୟମାନ ହେବ । ବିଶେଷ କରି ସେହି ବ୍ୟକ୍ତି ସକାଶେ ଯାହା ଉପରେ ଉଚ୍ଚ କର୍ତ୍ତୃପକ୍ଷ, ଗରାଖ, ଅଧ୍ୟାପକ, ବାପା, ମା କିମ୍ବା ଛୁଆପିଲାଙ୍କ ଦ୍ୱାରା ମାନସିକ ଚାପ ପଡ଼ିଥାଏ । ସାମାନ୍ୟ ଏକ ସ୍ମିତହାସ୍ୟ ତା ' ହୃଦୟରେ ଅନେକ ଆଶା ଓ ଭରସା ଆଣିଦେଇ ପାରିବ ।

ସୂତ୍ର : ମନେ ରଖନ୍ତୁ ଯେକୌଣସି ବ୍ୟକ୍ତି ପାଇଁ ତା 'ର ନାମ ସବୁଠୁ ମଧୁରତମ ଶବ୍ଦ ହୋଇପାରେ, ତାହା ଯେକୌଣସି ଭାଷାରେ ଡକାଯାଇ ଥାଉନା କାହିଁକି !

* ଆମେ ଜାଣିବା ଦରକାର ଯେ, କୌଣସି ବ୍ୟକ୍ତି ପାଇଁ ନାମର ଗୁରୁତ୍ୱ କେତେ ଅଧିକ । ସତ କହିବାକୁ ଗଲେ ନାମ ହିଁ ବ୍ୟକ୍ତିଗତ ଜିନିଷ ଓ ଅନୁଭୂତି ଅଟେ, ଅନ୍ୟ ଅପେକ୍ଷା ।
* ନାମ ହିଁ ବ୍ୟକ୍ତିଜଣକୁ ପରିଚିତି ଦେଇଥାଏ ସମସ୍ତଙ୍କ ମଧ୍ୟରେ ସଂପୂର୍ଣ୍ଣ ସ୍ୱତନ୍ତ୍ର କରିଥାଏ ।
* ଆମେ କାହାକୁ ନାମଧରି ଡାକିବା ସମୟରେ ସେ ଆମ କଥାକୁ ବେଶ୍ ଗୁରୁତ୍ୱ ଦେଇଥାଏ । ବିମାନ ପରିଚାଳନା ଠାରୁ ଆରମ୍ଭ କରି ଉଚ୍ଚ କର୍ତ୍ତୃପକ୍ଷ ପର୍ଯ୍ୟନ୍ତ ସମସ୍ତଙ୍କ ଉପରେ ନାମର ଏକ ବିଶେଷ ପ୍ରଭାବ ପଡିଥାଏ ।

  ସୂତ୍ର : ଜଣେ ଉତ୍ତମ ଶ୍ରୋତା ହୋଇ ଅନ୍ୟମାନଙ୍କୁ କହିବାକୁ ପ୍ରୋତ୍ସାହିତ କରନ୍ତୁ ।

* ମନେ ରଖନ୍ତୁ, ଯାହା ସାଙ୍ଗରେ ଆପଣ କଥାବାର୍ତ୍ତା କରୁଛନ୍ତି, ସେ ଆପଣଙ୍କ କଥାଭାଷା ଅପେକ୍ଷା, ନିଜ ନାମକୁ ବେଶ୍ ଆଗ୍ରହ ଓ ଗୁରୁତ୍ୱ ଦିଅନ୍ତି ।
* ସମସ୍ତେ ନିଜ ସମସ୍ୟାକୁ ନେଇ ବେଶ୍ ଚିନ୍ତିତ ଥା 'ନ୍ତି । କୌଣସି ଜଣେ ବ୍ୟକ୍ତି ସକାଶେ ଚୀନରେ ପଡିଥିବା ମରୁଡି ଅପେକ୍ଷା ତା 'ନିଜ ଦାନ୍ତ ବ୍ୟଥା ଅଧିକ ଗୁରୁତ୍ୱ ମନେହେବ । ଆଫ୍ରିକା କିମ୍ବା ଜାପାନ୍‌ରେ ହେଇଥିବା ଭୂମିକମ୍ପ ଅପେକ୍ଷା ନିଜ ଗଳାରେ ହେଇଥିବା ସାମାନ୍ୟ ଏକ ଫୋଡ଼ା ପ୍ରତି ସେ ବେଶି ଗୁରୁତ୍ୱ ଓ ଆଗ୍ରହ ସହ ଶୁଣିବ । ଏଣୁକରି କଥାବାର୍ତ୍ତା ସମୟରେ ଏସବୁ ତଥ୍ୟପ୍ରତି ଦୃଷ୍ଟି ଦିଅନ୍ତୁ ।

ସୂତ୍ର : କାହାରି ନିନ୍ଦା, ଅଭିଯୋଗ ବା ସମାଲୋଚନା କରନ୍ତୁ ନାହିଁ କି କାହାକୁ ହେୟ ମଣନ୍ତୁନି ।

* ଅନ୍ୟକୁ ଦୋଷ ନଦେଇ ତାକୁ ବୁଝେଇବାକୁ ଚେଷ୍ଟା କରନ୍ତୁ ।
* ଏକଥା ଜାଣିବାକୁ ଚେଷ୍ଟା କରନ୍ତୁ ଯେ ସେ ଏମିତି କାହିଁକି କଲା ?
* ସମାଲୋଚନା ଅପେକ୍ଷା ଏହା ବେଶ୍ ପ୍ରଭାବକାରୀ ହେବ । ଏତଦ୍ଦ୍ୱାରା ସହାନୁଭୂତି, ସହନଶୀଳ ତଥା ଦୟାଭାବ ଜାଗୃତ ହେବ । ତାଙ୍କ ପ୍ରକୃତ ତଥ୍ୟ ଓ ସ୍ଥିତିଗତି ଜାଣିଲା ପରେ ସଦୟ ହେଇ ତାଙ୍କୁ କ୍ଷମା ଦାନ କରିପାରିବେ ।

ସୂତ୍ର : ଅନ୍ୟ ମାନଙ୍କ ପ୍ରତି ଆଗ୍ରହ ଜନ୍ମାନ୍ତୁ ।

* ଦୁଇବର୍ଷ ପର୍ଯ୍ୟନ୍ତ ଅନ୍ୟମାନଙ୍କ ମନରେ ନିଜ ପ୍ରତି ଆଗ୍ରହ ଜନ୍ମେଇବା ଅପେକ୍ଷା ମାତ୍ର ଦୁଇମାସ ମଧ୍ୟରେ ଜଣେ ବ୍ୟକ୍ତି ଅନ୍ୟ ପ୍ରତି ଆଗ୍ରହ ଜନ୍ମାଇ ଅନେକ ବନ୍ଧୁ ସୃଷ୍ଟି କରିପାରିବ । ଲୋକେ ସାଧାରଣତଃ ଅନ୍ୟ ଅପେକ୍ଷା ନିଜ ପ୍ରତି ବେଶି ଆଗ୍ରହ ରଖିଥାନ୍ତି । ଏଣୁ ଏହି ସୂତ୍ରକୁ ମନେରଖି ବନ୍ଧୁତ୍ୱ ସୃଷ୍ଟି କରାଯାଇପାରେ ।

ସୂତ୍ର : ଅନ୍ୟ ଲୋକର ଆଶା ଓ ଭାବପ୍ରବଣ ପ୍ରତି ସହାନୁଭୂତିଶୀଳ ହୁଅନ୍ତୁ ।

* କ'ଣ ଆପଣ ଚାହାନ୍ତିନି କି ଏଭଳି କିଛି ଚମତ୍କାର ସୂକ୍ତି ମିଳିଯାଉ, ଯଦ୍ଦ୍ୱାରା ସମସ୍ତେ ଆପଣଙ୍କ ପ୍ରତି ଆକୃଷ୍ଟ ହେଇ ଚାଲି ଆସନ୍ତୁ ।

  ହଁ, ନିଶ୍ଚୟ ଚାହିଁବେ ।

  ଉଦାହରଣ ସ୍ୱରୂପ ଚମତ୍କାର ସୂକ୍ତି ନିମ୍ନରେ ପ୍ରଦତ୍ତ :-
* 'ମୁଁ ତମର ଏତାଦୃଶ ଭାବଭଙ୍ଗି ପାଇଁ ଦୋଷାରୋପ କରୁନି ।'
* 'ତମ ଜାଗାରେ ମୁଁ ହେଇଥିଲେ ମତେ ମଧ୍ୟ ଏପରି ବାଧିଥାନ୍ତା ।'

ଉକ୍ତ ଉତ୍ତରଦ୍ୱୟ ସମ୍ମୁଖସ୍ଥ ବ୍ୟକ୍ତି ଜଣଙ୍କୁ ହୃଦୟ ତରଳାଇବାରେ ବେଶ୍ ସହାୟକ ହେବ । ଗାମ୍ଭୀର୍ଯ୍ୟ ସହକାରେ ଏପରି କରାଯାଇପାରେ । ମନେ କରନ୍ତୁ, ଆପଣଙ୍କ ପାଖରେ ତାଙ୍କ ପରି ମସ୍ତିଷ୍କ ଓ ଉଗ୍ରରୂପ ସାଂଗକୁ ସେଭଳି କିଛି ଅନୁଭୂତି ଓ ପରିବେଶ ଥିଲେ ଆପଣ ମଧ୍ୟ ସେଇୟା କରିଥା'ନ୍ତେ ଓ ତାଙ୍କ ପରି ହୁଅନ୍ତେ, ନୁହଁକି !

ପ୍ରୟୋଗ - ୧୧
ବନ୍ଧୁତା ସ୍ଥାପନର ସରଳ ଉପାୟ-୨

ସୂତ୍ର : କୌଣସି ଯୁକ୍ତିତର୍କରୁ ମୁକୁଳିବାର ସବୁଠୁ ସରଳ ପନ୍ଥା ହେଲା ଉକ୍ତ କଥାରେ କାନ ନ ଦେବା ।

* ପ୍ରଥମେ ନିଜେ ଶୁଣି ପ୍ରତିଦ୍ୱନ୍ଦ୍ୱୀ ଜଣଙ୍କୁ କହିବାକୁ ସୁଯୋଗ ଦେବା । ତା'ଙ୍କୁ ତାର ସଂପୂର୍ଣ୍ଣ କଥା କହିବାକୁ ଦିଆଯାଉ । ସପେଇ ଦେବା କିମ୍ବା ଯୁକ୍ତିତର୍କରୁ ନିଜକୁ ଦୂରେଇ ରଖନ୍ତୁ । କାହିଁକିନା ଏହାଦ୍ୱାରା ଉଭୟଙ୍କ ମଧ୍ୟରେ ଭାବର ଆଦାନପ୍ରଦାନ ବାଧାପ୍ରାପ୍ତ ସାଙ୍ଗକୁ ଶତ୍ରୁତା ନକରି ବରଂ ନିଜ ନିଜ ମଧ୍ୟରେ ଠିକ୍ ବୁଝାମଣା ରଖନ୍ତୁ ।
* ତାଙ୍କ ସବୁତକ କଥା ଶୁଣି ବିଚାର କରି ଦେଖନ୍ତୁ ଯେ କେଉଁ କେଉଁ କଥାରେ ଆପଣ ତାଙ୍କ ସହ ଏକମତ ।
* ସଚ୍ଚୋଟ ହେଇ ନିଜ ଭୁଲ ପାଇଁ କ୍ଷମା ମାଗି ନିଅନ୍ତୁ । ଏତତ୍ ଦ୍ୱାରା ପ୍ରତିଦ୍ୱନ୍ଦ୍ୱୀଙ୍କର ପ୍ରତିରୋଧ କରିବାର କାରଣଟା ହାଲୁକା ହେଇଯିବ ।
* ଜଣେ ପାଟିତୁଣ୍ଡ କଲେ ଅନ୍ୟ ଜଣେ ତୁନି ହେଇ ଶୁଣିବା ଉଚିତ । ଯଦି ଉଭୟେ ପାଟିତୁଣ୍ଡ କରିବେ ତେବେ ଭାବର ଆଦାନ ପ୍ରଦାନ ନହେଇ କେବଳ ଗଣ୍ଡଗୋଳ ସୃଷ୍ଟି ହେବ ।

ସୂତ୍ର : ନିଜର ଭୁଲ୍ ଥିଲେ ତାକୁ ସ୍ୱୀକାର କରି ସହାନୁଭୂତି ଦର୍ଶାନ୍ତୁ ।

* ଏକଥା ସ୍ୱୀକାର କରନ୍ତୁ ଯେ ନିଜର ମଧ୍ୟ ଭୁଲ୍ ଥାଇପାରେ ।
* ନିଜର ଭୁଲ ସ୍ୱୀକାର ଦ୍ୱାରା ଯୁକ୍ତିତର୍କ ବନ୍ଦ ହେବା ସାଙ୍ଗକୁ ପ୍ରତିଦ୍ୱନ୍ଦ୍ୱୀଜଣକ ମଧ୍ୟ ନ୍ୟାୟପ୍ରିୟ ଓ ଖୋଲା ହୃଦୟ ହେଇପାରିବେ ।
* ସେ ମଧ୍ୟ ଏକଥା କହିବାକୁ ଇଚ୍ଛୁକ ହେବେ ଯେ ଭୁଲ୍‌ଟା ତାଙ୍କରି ମଧ୍ୟ ।

ସୂତ୍ର : ବ୍ୟକ୍ତି ଜଣଙ୍କୁ ସର୍ବପ୍ରଥମେ 'ହଁ - ହଁ' କହିବାକୁ ବାଧ୍ୟ କରନ୍ତୁ ।

* କଥାବାର୍ତ୍ତା ସମୟରେ ଏକମତ ନଥିବା କଥାକୁ ସର୍ବପ୍ରଥମେ ଉତ୍‌ଥାପନ କରନ୍ତୁ ନାହିଁ ।
* ପ୍ରଥମେ ଏକମତ ଥିବା କଥାକୁ ଗୁରୁତ୍ୱ ଦିଅନ୍ତୁ । ଏତତ୍‌ଦ୍ୱାରା ସମ୍ଭବ ହେଇପାରେ ଯେ, ଉଭୟଙ୍କ ଉଦ୍ଦେଶ୍ୟ ଗୋଟାଏ କେବଳ ପଦ୍ଧତିଟା ଭିନ୍ନ । ଏଣୁକରି 'ହଁ-ହଁ' ଅପେକ୍ଷା 'ନା-ନା'କୁ ହଜମ କରିବା ବେଶ୍ କଷ୍ଟକର ହେଇଥାଏ ।

ସୂତ୍ର : ସଚ୍ଚୋଟପଣିଆର ସହିତ ଅନ୍ୟର ଦୃଷ୍ଟିଭଙ୍ଗୀକୁ ଗୁରୁତ୍ୱ ଦିଅନ୍ତୁ ।

ମନେରଖନ୍ତୁ, ଅନ୍ୟ ବ୍ୟକ୍ତି ଜଣକ ସଂପୂର୍ଣ୍ଣ ଦୋଷୀ ହେଇପାରନ୍ତି; କିନ୍ତୁ ସେ ନିଜେ ଏପରି ଭାବିପାରିବ ନାହିଁ । ଏଣୁ ସିଧାସଳଖ ତାକୁ ଦୋଷୀ ବୋଲି ନକହି ତାକୁ ବୁଝେଇବାକୁ ଚେଷ୍ଟାକରନ୍ତୁ । କେବଳ ବୁଦ୍ଧିମାନ ଓ ସହନଶୀଳ ବ୍ୟକ୍ତି ଏପରି କରିଥାଏ ।

ଜଣେ ବ୍ୟକ୍ତି ନିଜ ମନ ମୁତାବକ କାହିଁକି କାମ କରିଥାଏ । ଏହାର ମଧ୍ୟ ଏକ କାରଣ ଅଛି ; ସେହି କାରଣଟିକୁ ଖୋଜନ୍ତୁ । ଆପଣ ଜାଣିପାରିବେ ଯେ ସେ ବ୍ୟକ୍ତିଟି ଏପରି କାହିଁକି କରୁଛି । ସଚ୍ଚୋଟ ହେଇ ନିଜେ ନିଜକୁ ତା' ସ୍ଥାନରେ ରଖି ପରିସ୍ଥିତିକୁ ବୁଝିବାକୁ ଚେଷ୍ଟାକରନ୍ତୁ ଯେ, ସେ କାହିଁକି ଏମିତି କଲା ! ତା' ସ୍ଥାନରେ ଆପଣ ହେଇଥିଲେ କ'ଣ କରିଥାନ୍ତେ ? ଏହାଦ୍ୱାରା ନିଜର ମୂଲ୍ୟବାନ ସମୟ ନଷ୍ଟ ହେବନି ଆଉ ଈର୍ଷ୍ୟା, ଦ୍ୱେଷରୁ ମୁକ୍ତି ପାଇଯିବେ । କାରଣ କୌଣସି ସମସ୍ୟାର ମୂଳ କାରଣଟା ଜଣାପଡିଗଲେ, ତାର ପ୍ରଭାବ ଆଉ ପଡ଼େ ନାହିଁ କହିଲେ ଚଳେ । ଏହାଦ୍ୱାରା ମଣିଷପଣିଆକୁ ବୁଝିବାର ସାମର୍ଥ୍ୟ ବିକଶିତ ହେବ ।

ସୂତ୍ର : ସଚ୍ଚୋଟ ହେଇ ଗାମ୍ଭୀର୍ଯ୍ୟପୂର୍ବକ ପ୍ରଶଂସା କରନ୍ତୁ ।

ନିଜର ପାଉଣା ଓ ଦାବି କଥା ଚିନ୍ତା କରନ୍ତୁନି । ଖୋସାମଦ ନକରି ସଚ୍ଚୋଟତାର ସହିତ ଗମ୍ଭୀର ଭାବରେ ପ୍ରଶଂସା କରନ୍ତୁ । ଆପଣଙ୍କ ପ୍ରଶଂସା ଗାନ ସେ କଦାପି ଭୁଲି ପାରିବେ ନାହିଁ ବରଂ ଖୁସିହେଇ ମନେରଖିବେ । ହୁଏତ ଆପଣ ନିଜେ ଏକଥାକୁ ଭିଲିଯାଇପାରନ୍ତି ।

ସୂତ୍ର : ଅନ୍ୟ ଜଣକୁ ମନଖୋଲି କହିବାକୁ କୁହନ୍ତୁ ।

ଅନେକ ନିଜେ ଅଧିକ ସମୟ କହିଥାନ୍ତି କିନ୍ତୁ ଅନ୍ୟକୁ କହିବାକୁ ଦେବା ହିଁ ମହାନତା । ଏଣୁକରି କେବଳ ତାଙ୍କୁ ପ୍ରଶ୍ନ ପଚ୍ଚରି ପାରନ୍ତି ।

ଯଦି ତାଙ୍କ କୌଣସି କଥାରେ ଏକମତ ନୁହନ୍ତି ତେବେ ହଠାତ୍ ନକହି, ଧୈର୍ଯ୍ୟର ସହିତ ସବୁ ଶୁଣିସାରିଲା ପରେ ହିଁ ଗମ୍ଭୀର ହେଇ ନିଜ ମତାମତ ପ୍ରକାଶ କରନ୍ତୁ ।

ପ୍ରୟୋଗ - ୧୨

ବୃକ୍ଷଲତାରେ ପ୍ରଶଂସାର ପ୍ରୟୋଗ

ପ୍ରଥମ ସୋପାନ : ସମାନ ଆକୃତିର ୩ଟି ପାତ୍ର ନେଇ ସେଥିରେ ଏକା ପ୍ରକାରର ମାଟି ଭର୍ତ୍ତି କରନ୍ତୁ ।

ଦ୍ୱିତୀୟ ସୋପାନ : ତିନୋଟି ପାତ୍ରକୁ ସମାନ ଭାବରେ ଆଲୋକ ଓ ପାଣି ଦିଅନ୍ତୁ ।

ତୃତୀୟ ସୋପାନ : କେବଳ ଅଙ୍କୁରିତ ଗଜାଗୁଡ଼ିକୁ ଭିନ୍ନ-ଭିନ୍ନ ପ୍ରଣାଳୀରେ ଲାଳନ ପାଳନ କରନ୍ତୁ ।

କ) ପ୍ରଥମ ଗଛକୁ କୁହନ୍ତୁ :- ତମେ କେତେ ସୁନ୍ଦର ଭାବରେ ଗଜା ହେଇଛ , ଦେଖୁନ ତମ ପତ୍ରଗୁଡିକ କେତେ କଅଁଳିଆ ଆଉ ମଜବୁତ ଚେରସବୁ କିପରି ଦୃଢ଼ ଭାବରେ ମାଟିକୁ ଧରିରଖିଛି ।

ଖ) ଦ୍ୱିତୀୟ ଗଛକୁ କିଛି କୁହନ୍ତୁ ନାହିଁ ।

ଗ) ତୃତୀୟ ଗଛକୁ ଗାଳି କରି କୁହନ୍ତୁ :- ଦେଖରେ ଦେଖ, ଏ କି ଗଛ ହେଇଛି କେଜାଣି, ଅକର୍ମଣ୍ୟ ଅଲାଜୁକି ଗଛ । କାହିଁକି ତତେ ପୋତିଥିଲି କେଜାଣି !

ଦେଖିବେ : ପ୍ରଥମ ଗଛଟି ସୁସ୍ଥ ଓ ସତେଜ ହେଇ ବଢ଼ିବ, ଦ୍ୱିତୀୟ ଗଛଟି ସାମାନ୍ୟ ହେବ କିନ୍ତୁ ତୃତୀୟ ବୃକ୍ଷ ରୁଗ୍‌ଣ ଓ ଦୁର୍ବଳିଆ ଦେଖାଯିବ ।

ବର୍ତ୍ତମାନ ଆପଣ ସବୁକଥା ବୁଝିସାରିଥିବେ କାହିଁକି ଏମିତି ହେଲା । ପ୍ରଶଂସାର ଯାଦୁ କେବଳ ମଣିଷ ନୁହଁ ଗଛଲତାଙ୍କୁ ମଧ୍ୟ ବେଶ୍ ପ୍ରଭାବିତ କରିଥାଏ ।

ମାଲଙ୍କ ବଢ଼ି ମୋଢ଼ିଥିନ୍

ପ୍ରୟୋଗ - ୧

କମଳାକୁ ନେଇ ପ୍ରୟୋଗ

ମାଇଣ୍ଡ ବଡ଼ି ମେଡ଼ିସିନ ଲିଙ୍କ୍‌କୁ ବୁଝେଇବାକୁ ହେଲେ ଏହି ପ୍ରୟୋଗଟି ସହାୟକ ହେବ । (ଏହାକୁ ପୂର୍ବରୁ ସଂପୂର୍ଣ୍ଣ ଲେଖାଟି ପଢ଼ିନିଅନ୍ତୁ ।)

ପ୍ରଥମ ସୋପାନ : ଡାହାଣ ହାତର ଅଙ୍ଗୁଳିଗୁଡିକୁ ଏପରି ସଜେଇ ରଖନ୍ତୁ ସତେକି ହାତରେ କମଳାଟିଏ ଧରିଛନ୍ତି ।

ଦ୍ୱିତୀୟ ସୋପାନ : ନିଜ ଆଖି ଦୁଇଟି ବନ୍ଦ କରନ୍ତୁ ।

ତୃତୀୟ ସୋପାନ : କଳ୍ପନା କରନ୍ତୁ ଯେ ଆପଣ ମନେ ମନେ କମଳାରୁ ଚୋପା ଛଡାଉଛନ୍ତି ।

ଚତୁର୍ଥ ସୋପାନ : ବର୍ତ୍ତମାନ କମଳାରୁ କଳିଟିଏ ବାହାର କରି ପାଟିକୁ ନେଉଛନ୍ତି ବୋଲି ଭାବୁଛନ୍ତି ।

ପଞ୍ଚମ ସୋପାନ : ମୁହଁ ଖୋଲି ଖାଇବାକୁ ପ୍ରସ୍ତୁତ ରୁହନ୍ତୁ ।

ଷଷ୍ଠ ସୋପାନ : ବର୍ତ୍ତମାନ ମନେ ମନେ କମଳା କଳିଟିକୁ ଚିପି ବାହାରୁଥିବା ରସକୁ ଜିଭରେ ଦିଅନ୍ତୁ ଆଉ ଭାବନ୍ତୁ ଯେ ତାହା ପାଟି ଭିତରକୁ ଯାଉଛି । ଏଥର ଆଖି ଖୋଲି ନର୍ମାଲ ହୁଅନ୍ତୁ ।

ଏ ପ୍ରକାର ପରୀକ୍ଷଣଟି ଆପଣଙ୍କୁ କିପରି ଲାଗିଲା ? କ'ଣ ଆପଣଙ୍କ ପାଟିରୁ ଲାଳ ଗଡ଼ି କମଳାର ସ୍ୱାଦ ପାଇଲେନି କି ? ମନେ ରଖନ୍ତୁ, ଭାବନା ଓ କଳ୍ପନା ଆମ ଶରୀରକୁ କିପରି ପ୍ରଭାବିତ କରେ । ଅର୍ଥାତ୍ ଭାବନା ଓ କଳ୍ପନା କରି ଆମେ ଆମ ଶରୀରରେ ସଂଘଟିତ 'ବାୟୋକେମିକାଲ ପ୍ରକ୍ରିୟା'ଟିକୁ ପରିବର୍ତ୍ତନ କରିପାରିବା । ଏହି ଅଧ୍ୟାୟର ଦ୍ୱିତୀୟ ପ୍ରୟୋଗରେ ମଧ୍ୟ ଏହି ନିୟମଟି ଲାଗୁ ହେବ ।

ପ୍ରୟୋଗ - ୨

ଲାଫ୍ଟର ଚେଲେଂଜ

(ଶହେ ବର୍ଷ ପୁରୁଣା ଥେରେପି)

ଆମେ ହସୁଥିବା ସମୟରେ କ'ଣ ହୁଏ ?

୧. ମନଖୋଲି ହସିଲେ ରକ୍ତଗ୍ରୁପ ନର୍ମାଲ ହେଇଥାଏ ।

୨. ଲମ୍ବା ଶ୍ୱାସ ମାରିବାରୁ ପ୍ରଚୁର ଅମ୍ଳଜାନ ମିଳିଥାଏ ।

୩. ହସିବା ଯୋଗୁଁ ମାନସିକ ଗ୍ରୁପର ହର୍ମୋନ୍ସ ହ୍ରାସ ପାଏ ।

୪. ହୃଦୟ ସୁରକ୍ଷିତ ହୁଏ ଅର୍ଥାତ୍ ହୃଦ୍‌ରୋଗରୁ ମୁକ୍ତି ମିଳେ ।

୫. ପାକସ୍ଥଳୀ ଓ ଅନ୍ତଃନଳୀ କାର୍ଯ୍ୟକ୍ଷମ ହୁଏ ଓ ପେଟର ମାଂସପେଶୀ ସବୁ ମଜବୁତ ହୁଅନ୍ତି ।

୬. ଏତତ୍‌ଦ୍ୱାରା ହଜମ ହେବାରେ ସୁବିଧା ହୁଏ ।

୭. ଅନେକ ସମୟ ଧରି 'ରୋବିଂ ମ୍ୟାସିନ' କିମ୍ବା 'ଏକ୍ସରସାଇଜ ବାଇକ୍' ଚଳେଇଲେ ଯେତେ କ୍ୟାଲୋରୀ ଶକ୍ତି ଅପଚୟ ହୁଏ; ମନଖୋଲି ହସିଲେ ମଧ୍ୟ ଠିକ୍ ସେହି ପରିମାଣର କ୍ୟାଲୋରୀ ନଷ୍ଟ ହୁଏ ।

୮. ହସିବା ଦ୍ୱାରା ମସ୍ତିଷ୍କର ଉଭୟ ଭାଗରେ ଗ୍ରୁପ ସୃଷ୍ଟି ଯୋଗୁଁ ଶିଖିବାର ସାମର୍ଥ୍ୟ ବୃଦ୍ଧି ପାଏ । ମାଂସପେଶୀ ଓ ମାନସିକ ଗ୍ରୁପ ହ୍ରାସ ପାଏ । ଏହାଦ୍ୱାରା ମସ୍ତିଷ୍କ ସତେଜ ଥିବାରୁ ବ୍ୟକ୍ତି ଜଣକ ଅନେକ ତଥ୍ୟ ସଂଗ୍ରହ ବା ଧାରଣ କରିପାରେ ।

୯. ଏହା ଇନ୍‌ଫେକ୍ସନ୍ ସମୟରେ ଲଢୁଥିବା ଏଣ୍ଟିବଡ଼ିଜ୍‌ଗୁଡିକୁ ବୃଦ୍ଧି କରିଥାଏ।

୧୦. ଏହା ନକାରାତ୍ମକ ଭାବକୁ ଦୂରେଇ ବ୍ୟକ୍ତିତ୍ୱ ଗଠନରେ ସହାୟକ ସିଦ୍ଧ ହୁଏ ।

ପ୍ରଥମେ ପ୍ରଥମେ ଅଯଥାରେ ହସନ୍ତୁ । ପରେ ହଠାତ୍ ନିଜ ଜୀବନର କୌଣସି ଏକ ମଜାଳିଆ ଘଟଣାକୁ ମନେପକେଇ ହସନ୍ତୁ । କେହି ହସେଇଥିବା ଘଟଣାକୁ ମନେପକେଇ ହସନ୍ତୁ । ହସକଥାରୁ ବି ହସିପାରନ୍ତି । ଏଥର ହସକୁ ସ୍ୱାଭାବିକ କରିବାରେ ଆଉ ସମୟ ଲାଗିବନି । ହସ ଏକ 'ଶ'କ ଏବ୍‌ଜର୍ବରର କାମ କରି ଜୀବନକୁ ହାଲୁକା କରିଦେଇପାରେ । ଏ କ୍ଷେତ୍ରରେ ନକଲି ହସ ମଧ୍ୟ ଠିକ୍ ଏହି ସବୁ କାମ କରିପାରେ ।

ପ୍ରୟୋଗ - ୩

ଇଲେକ୍ଟ୍ରୋମେଗ୍ନେଟିକ ଫିଲ୍ଡ ଅଫ୍ ବଡ଼ି

ଆମ ଶରୀର ଏକ ଜଟୀଳ 'ଇଲେକ୍ଟ୍ରୋମେଗ୍ନେଟିକ ଫିଲ୍ଡ' ଅଟେ । ଆମ ଭାବନା ଯେତେବେଳେ ଇମେଜ (ଛବି)ରେ ରୂପାନ୍ତରିତ ହୁଏ ସେତେବେଳେ ନ୍ୟୁରୋ ପେପ୍‌ଟାଇଡ୍‌ସ (Neuro-Peptides) ନାମକ ଏକ ମଲିକ୍ୟୁଲ୍‌ସରେ ପରିବର୍ତ୍ତିତ ହେଇଥାଏ । ଏହା ସାହାଯ୍ୟରେ ଆମେ ଆମ ଇଚ୍ଛିତ ବା କାଳ୍ପନିକ ବସ୍ତୁକୁ ସମଗ୍ର ଭାବପ୍ରବଣତାର ସହିତ ପ୍ରାପ୍ତ କରିଥାଉ ।

ଏଣୁକରି ଯଦି ଆପଣ କୌଣସି ବସ୍ତୁ ପାଇବାକୁ ଗୃହାନ୍ତି । (ଯଥା : ପରୀକ୍ଷାରେ 90% ନମ୍ବର ପାଇବା ବା ଶ୍ରେଷ୍ଠ ଖେଳାଳିର ପଦକ) ତାହାହେଲେ

୧. ମନେକରନ୍ତୁ ଏହା ଆପଣ ପାଇସାରିଛନ୍ତି ।

୨. ଉକ୍ତ ଚିତ୍ରଟିକୁ ରଂଗ ଦେଇ ଚିତ୍ରିତ କରନ୍ତୁ ।

୩. ଏହାକୁ ମନେମନେ ଅନୁଭବ କରନ୍ତୁ ।

୪. ଦିନକୁ ଅତି କମ୍‌ରେ ପାଞ୍ଚଥର ଏହାର ମାନସିକ ଚିତ୍ରଣ କରନ୍ତୁ, ବିଶେଷ କରି

ରାତିରେ ଶୋଇବା ପୂର୍ବରୁ ଆଉ ସକାଳେ ଉଠିବା ପରେ ।

ଏପ୍ରକାର ଅଭ୍ୟାସ ଆପଣଙ୍କ କାର୍ଯ୍ୟ ଶୈଳୀକୁ ପ୍ରଭାବିତ କରିବ ଏବଂ ଲକ୍ଷ୍ୟସ୍ଥଳକୁ ନେଇଯିବ ।

ପ୍ରୟୋଗ - ୪
ଦ ଲାଇଫ ଫୋର୍ସ ଫୁଡ

ପୃଥିବୀ ଭଳି ଗ୍ରହରେ ମଣିଷ ହିଁ ଏକମାତ୍ର ଏଭଳି ପ୍ରାଣୀ ଯିଏ ନିଜର ଖାଦ୍ୟକୁ ରୋଷେଇ କରି ଖାଇଥାଏ ଆଉ ଏପ୍ରକାର ଖାଦ୍ୟ ଖାଇ ରୋଗଗ୍ରସ୍ତ ମଧ୍ୟ ହେଇଥାଏ । ଗରିଷ୍ଠ ତଥା ବେଶି ସମୟ ଧରି ସିଝା ହେଇଥିବା ଖାଦ୍ୟ ରୋଗର ପ୍ରମୁଖ କାରଣ । ଏତଦ୍ ବ୍ୟତୀତ ଆମେ ଅଧିକ ପରିମାଣରେ ଜୀବନିକା ଅଭାବର ମଧ୍ୟ ଶିକାର ହେଉ ।

ଖାଦ୍ୟରେ ଥିବା ଭିଟାମିନ ବା ଜୀବନିକା ଖାଦ୍ୟ ବ୍ୟତୀତ ଅନ୍ୟ କୌଣସି କୃତ୍ରିମ ଉପାୟରେ ତିଆରି କରାଯାଇପାରେ ନାହିଁ ।

ତଟକା ଓ କଞ୍ଚା ଫଳମୂଳରେ ଅଧିକ ଜୀବନୀ ଶକ୍ତି ଗଚ୍ଛିତ ଥାଏ । ଏହାକୁ ଆମେ ସାମାନ୍ୟ ସିଝେଇ ଖାଇବା ଉଚିତ । ଅଧିକ ଉତ୍ତାପ କିମ୍ବା ବେଶି ସିଝା ଖାଦ୍ୟରେ ଭିଟାମିନ୍ ନଥାଏ କହିଲେ ଚଳେ ।

ବର୍ତ୍ତମାନ ନିଜେ ନିଜକୁ ପ୍ରଶ୍ନ କରନ୍ତୁ ଯେ ଆପଣ କେତେ ମାତ୍ରାରେ ତଟକା **ଫଳମୂଳ ଓ କିପରି ଖାଦ୍ୟ ଗ୍ରହଣ କରନ୍ତି ଆଉ ସେଥିରୁ କେତେ ପରିମାଣର ଜୀବନୀ ଶକ୍ତି ଲାଭ କରୁଛନ୍ତି ।**

* ପ୍ରତିଦିନ ଫଳମୂଳ ଖାଆନ୍ତୁ ।
* ତଟକା ଫଳମୂଳର ରସରେ ଭରପୂର ଜୀବନୀଶକ୍ତି ଥାଏ ।
* ବିଭିନ୍ନ ପତ୍ର, ଚେରମୂଳ, ଗଜା ମୁଗ, ଫଳ, ପନିପରିବା ଇତ୍ୟାଦିକୁ ନେଇ ସଲାଦ କରି ଖାଆନ୍ତୁ ।
* କାକୁଡ଼ି ଓ ଟମାଟୋ ଆଦିକୁ ଗ୍ରାଇଣ୍ଡରରେ ପେଶି ରସ କିମ୍ବା ସାମାନ୍ୟ ଉଷୁମ କରି 'ସୁପ୍' ତିଆରି କରି ପିଅନ୍ତୁ ।
* ଗଜା ମୁଗ, ଗଜା ବୁଟ, ଶିମ୍ବ ତଥା ଦୁଗ୍ଧଜାତ ଦ୍ରବ୍ୟ ଖାଆନ୍ତୁ ।

ପ୍ରୟୋଗ - ୫

ଉତ୍ତମ ସ୍ୱାସ୍ଥ୍ୟ ସକାଶେ 'ପାୱାର ବ୍ରିଦିଂ'

କେବଳ ସପ୍ତାହକ ମଧ୍ୟରେ ଏପ୍ରକାର କୌଶଳ ଯୋଗୁଁ ଆଶାତୀତ ଶକ୍ତିବୃଦ୍ଧି ହୋଇପାରିବ । ଏହି ସରଳ ଉପାୟଟିକୁ ଯେ କୌଣସି ଜାଗାରେ ଆପଣ କରିପାରିବେ । ଧ୍ୟାନ ବା ସ୍ଥିର ମନୋନିବେଶରେ ଏହା ପରମ ସହାୟକ ।

ଦ ପ-

'ଏନାର୍ଜି ବୁଷ୍ଟର' ଭଳି ଏହାକୁ ଯେକୌଣସି ବଡ଼ ସଭାକୁ ଯିବା ପୂର୍ବରୁ ପ୍ରୟୋଗ କରାଯାଇପାରେ ।

ପ୍ରଥମ ସୋପାନ : ଆରାମରେ ବସି ପଡ଼ି ପେଟକୁ ବେଲୁନ ଭଳି ଦୁଇ ହାତରେ ଧରନ୍ତୁ ।

ଦ୍ୱିତୀୟ ସୋପାନ : ବର୍ତ୍ତମାନ ନାଭି ସ୍ଥଳକୁ ଚୁପି ନିଶ୍ୱାସ ଛାଡନ୍ତୁ ।

ତୃତୀୟ ସୋପାନ : ତା'ପରେ ନାକ ଦେଇ ପ୍ରଶ୍ୱାସ ନେବାଦ୍ୱାରା ପେଟଟା ଫୁଲି ଉଠିବ ।

ଏପରି କୋଡ଼ିଏ ଥର କରନ୍ତୁ ; ଅଭ୍ୟାସ ହେଲାପରେ ବଢ଼େଇ ପାରନ୍ତି ।

ପ୍ରୟୋଗ - ୬

ନିଜ ଭିତରେ ଲୁଚିଥିବା 'ସୁପରମ୍ୟାନ'

ପ୍ରତିଦିନ ମନେମନେ ଏପରି ଚିନ୍ତା କରନ୍ତୁ ଯେ ନିଜ ଭିତରେ ଏକ 'ସୁପର ମ୍ୟାନ' ଲୁଚି ରହିଛି । ତାକୁ ଚିହ୍ନି, ତାକୁ ଜାଗୃତ କରି କାର୍ଯ୍ୟକ୍ଷମ କରିବାକୁ ହେବ । ସପ୍ତରଙ୍ଗଦ୍ୱାରା ପରିଚ୍ଳଳିତ ଏହି ସୁପରମ୍ୟାନକୁ ଆମେ ଆମର 'ତୃତୀୟ ନେତ୍ର' ସାହାଯ୍ୟରେ ଦେଖି ପାରିବା । ଏଭଳି ଅଭ୍ୟାସ କରି ଆମେ 'ସୁପର ମ୍ୟାନ'କୁ ପଦାକୁ କାଢ଼ିଆଣି ପାରିବା ।

ଇଚ୍ଛାନୁରୂପ ଫଳ ପ୍ରାପ୍ତି ସକାଶେ ଏହାକୁ ମିନିଟେ, ଘଣ୍ଟେ କିମ୍ବା ଦିନକୁ ଅତି କମରେ ଚଉଦଥର କରାଯାଇପାରେ ।

* ଆଖି ବୁଜି ଆରାମରେ ବସି ନିଶ୍ୱାସ ପ୍ରଶ୍ୱାସ ମାରନ୍ତୁ ।
* ମନେ କରନ୍ତୁ ଯେ ଈଶ୍ୱର ଆସି ଆମ ଉପରେ ସୁବର୍ଣ୍ଣ ରଶ୍ମି ବର୍ଷା କରି ଶରୀର ଓ ଆତ୍ମାକୁ ଶୁଦ୍ଧ କରିଚ୍ଳଲିଛନ୍ତି । ଏତତ୍‌ଦ୍ୱାରା ଆମେ ଲାଭାନ୍ୱିତ ହେଇ ଆଗରୁ ବେଶ୍ ପ୍ରସନ୍ନ ଓ ଶକ୍ତିଶାଳୀ ଜଣାପଡୁଛୁ ।
* ଅଭ୍ୟାସ ପୂର୍ବକ ଏହାକୁ ଅନୁଭବ କରିବାକୁ ଚେଷ୍ଟାକରନ୍ତୁ ।
* ଏଥର ବିଭିନ୍ନ ରଂଗକୁ ନେଇ ନିଜ ଅନ୍ତର୍ନିହିତ ସୁପରମ୍ୟାନକୁ ଚିତ୍ରିତ କରିଚ୍ଳଲନ୍ତୁ । ମନେମନେ ସୁକ୍ଷ୍ମ ବାକ୍ୟ କୁହନ୍ତୁ ।
  କ୍ରମାନ୍ୱୟରେ ରଂଗର ଏହି କସ୍ମିକ୍ ଲାଇଟ୍‌କୁ ଅବ୍ୟାହତ ରଖନ୍ତୁ ।

୧. ଶୁଦ୍ଧତା ହେତୁ ନାରଂଗୀ ।
୨. ପ୍ରେମ ପାଇଁ ସବୁଜ ।
୩. ଶାନ୍ତି ସକାଶେ ନୀଳ ।
୪. ଜ୍ଞାନ ପାଇଁ ଘନନୀଳ ।
୫. ଆନନ୍ଦ ପାଇଁ ବାଇଗଣୀ । ଇତ୍ୟାଦି ...

ଯେ ପର୍ଯ୍ୟନ୍ତ ନିଜକୁ ଗଢ଼ିତୋଳି ନାହାନ୍ତି ; ସେ ପର୍ଯ୍ୟନ୍ତ ଏଭଳି କରୁଥା'ନ୍ତୁ ।

ପ୍ରୟୋଗ - ୬

ନ୍ୟୁରୋବିକ୍ସ ମାଇଣ୍ଡର 'ଏରୋବିକ୍ସ'

ନ୍ୟୁରୋବିକ୍ସ ସହାୟତାରେ ନିଜ ମସ୍ତିଷ୍କର ମାଂସପେଶୀଗୁଡ଼ିକୁ ଆମେ ହୃଷ୍ଟପୁଷ୍ଟ କରିପାରିବା ; ଯଦ୍ଦ୍ୱାରା ଯେ କୌଣସି ସୃଜନାତ୍ମକ କାର୍ଯ୍ୟ, ଦେହମନକୁ ସୁସ୍ଥ ଓ ସ୍ଫୁର୍ତ୍ତିଦାୟକ କରି ଗଢ଼ିତୋଳିବାରେ ଏହାକୁ ବିନିଯୋଗ କରିପାରିବା । ଶ୍ୱାସକ୍ରିୟା, ହସ୍ତମୁଦ୍ରା ଓ ବିଭିନ୍ନ ରଶ୍ମିକୁ ନେଇ ମାନସିକ ଚିତ୍ରଣ ଏହି ତିନି ପ୍ରକାର ପ୍ରକ୍ରିୟା ହିଁ ନ୍ୟୁରୋବିକ୍ସର ମୂଳାଧାର ଅଟେ । ନ୍ୟୁରୋବିକ୍ସ ଶିଖିବାକୁ ହେଲେ ହସ୍ତମୁଦ୍ରାର ରହସ୍ୟ ଜାଣିବା ଦରକାର । ହସ୍ତମୁଦ୍ରାକୁ ଠିକ୍ ଭାବରେ ବିନିଯୋଗ କରାଗଲେ ଫଳପ୍ରଦ ହେଇଥାଏ ।

୧. ହସ୍ତମୁଦ୍ରା

ଗବେଷଣାରୁ ଜ୍ଞାତ ଯେ ଭାରତୀୟ ମହର୍ଷିମାନେ ହସ୍ତମୁଦ୍ରାକୁ ନେଇଁ ଯେଉଁ ପାଞ୍ଚଟି ତଥ୍ୟ ପୋଷଣ କରିଛନ୍ତି ତାହା ବେଶ୍ ଗୁରୁତ୍ୱପୂର୍ଣ୍ଣ । **ଏଥିରେ ଅସୀମ ଶକ୍ତି ଓ ସମ୍ଭାବନା ନିହିତ, ଏହାର ଉପଯୁକ୍ତ ବ୍ୟବହାର ହେଲେ ବଡ଼ବଡ଼ ରୋଗରୁ ମୁକ୍ତି ମିଳିପାରିବ ।**

ପଞ୍ଚତତ୍ତ୍ୱକୁ ନେଇ ନିମ୍ନଲିଖିତ ଦୃଷ୍ଟାନ୍ତ ଦ୍ରଷ୍ଟବ୍ୟ :

ବୃଦ୍ଧାଙ୍ଗୁଳି - ଅଗ୍ନି ତତ୍ତ୍ୱ

ତର୍ଜନୀ - ବାୟୁ ତତ୍ତ୍ୱ

ମଧ୍ୟମା - ଆକାଶ ତତ୍ତ୍ୱ

ଅନାମିକା - ଧରିତ୍ରୀ ତତ୍ତ୍ୱ

କନିଷ୍ଠା - ଜଳ ତତ୍ତ୍ୱ

ବିଭିନ୍ନ ହସ୍ତମୁଦ୍ରାକୁ ନେଇ ନ୍ୟୁରୋବିକ୍ସ କଲାବେଳେ ନିମ୍ନଲିଖିତ କଥାଗୁଡ଼ିକ ପ୍ରତି ଦୃଷ୍ଟି ଦିଅନ୍ତୁ ।

* ପ୍ରତିଦିନ ୧୫ ରୁ ୨୦ ମିନିଟ ଯାଏଁ ଅଭ୍ୟାସ କରନ୍ତୁ ।
* ଶୀଘ୍ର ଫଳପ୍ରଦ ହେବାପାଇଁ ୩୦ - ୪୦ମିନିଟ ଅଭ୍ୟାସ କରନ୍ତୁ ।
* ଏହି ଅଭ୍ୟାସଟି ଉଭୟ ହାତରେ କରାଯିବା ଉଚିତ ।
* ଅନ୍ୟ ଅଙ୍ଗୁଳି ସବୁ ସିଧା ରହିବ ।

ବର୍ତ୍ତମାନ ଜ୍ଞାନମୁଦ୍ରାରେ ବସି ଗଭୀର ନିଶ୍ୱାସ ମାରି ମସ୍ତିଷ୍କର ସ୍ନାୟୁଗୁଡିକର ବ୍ୟାୟାମ ହେତୁ ମାନସିକ ଚିତ୍ରଣ କରନ୍ତୁ । କାଳ୍ପନିକ ଚିତ୍ର ସ୍ପଷ୍ଟ ନହେଲେ ବାଧ୍ୟବାଧକତାରେ ଏମିତି କରନ୍ତୁ ନାହିଁ । କୌଣସି ଏକ ବାସ୍ତବିକ ଚିତ୍ର ଦେଖିବା ଅପେକ୍ଷା ସ୍ୱଭାବତଃ ଯେଉଁ ଚିତ୍ର ଅଙ୍କିତ ହେଉଛି ତାକୁ ହିଁ ଗୁରୁତ୍ୱ ଦିଅନ୍ତୁ, କାହିଁକିନା ତା'ର ନିଜର ସ୍ୱାତନ୍ତ୍ର୍ୟ, ଆକାର, ରଙ୍ଗ ଓ ଆକୃତି ଅଛି । ଚିତ୍ରଟି ସ୍ପଷ୍ଟ ହେବାରେ ସମୟ ଲାଗିପାରେ ।

୧ . ଅବାସ୍ତବିକ ବା କାଳ୍ପନିକ ଚିତ୍ରଣ ; ଯଥା :

ଚିହ୍ନା ଜଣା ମୁହଁ, ସମୁଦ୍ର କୂଳର ସୂର୍ଯ୍ୟାସ୍ତ, ବାଲ୍ୟ ବନ୍ଧୁ, ଉଡନ୍ତା ପକ୍ଷୀ, ନିଜ ଶୋଇବା କୋଠରି, କାକର ବିନ୍ଦୁ, ବରଫାବୃତ ପାହାଡ଼, ସମୁଦ୍ର ଓ ତା'ର ଢେଉ ଇତ୍ୟାଦି ।

୨ . ଅବାସ୍ତବିକ ବା କାଳ୍ପନିକ ଚିତ୍ରଣ; ଯଥା:

ଷଡ଼ଭୁଜ ଦେବତା, କଥା କହୁଥିବା ଜିରାଫ୍ ଚକ୍‌ଲେଟ୍‌ର ନଦୀ, ତିରିଶଟି ଗୋଡ଼ ବିଶିଷ୍ଟ ପିମ୍ପୁଡ଼ି, ଲାଲ ବା ନୀଳବର୍ଣ୍ଣର ଯେ କୌଣସି ପାଞ୍ଚଟି ବସ୍ତୁ ... ଇତ୍ୟାଦି; 'ଏ' ରୁ ଆରମ୍ଭ ହେଉଥିବା କିଛି ଶବ୍ଦ, ବସ୍‌ରୁ ବଡ଼ ଆକାରର ବସ୍ତୁଟିଏ, ମାଟି ତଳେ ମିଳୁଥିବା ଜିନିଷ, ଏପରି ଏକ ବସ୍ତୁ ଯାହାକୁ ପାଇ ଆପଣ ଖୁବ୍ ଖୁସି ହୁଅନ୍ତି ।

ପ୍ରୟୋଗ - ୮

ଉଷୁମ ପାଣିର ଥେରେପି

ଉଷୁମ ପାଣି ପିଇବା ମଧ୍ୟ ଏକ ପ୍ରକାର ଥେରେପି ଯଥା : 'ସୋନାବାଥ୍' । ଏହାଦ୍ୱାରା ଶରୀରର ଶୁଦ୍ଧିକରଣ ହୁଏ ; ହେଲେ କେମିତି ? ଆସନ୍ତୁ ଦେଖିବା-

* ଉଷୁମ ପାଣି ପିଇବା ଦ୍ୱାରା ଶରୀରର ତାପମାତ୍ରା କିଞ୍ଚିତ ବୃଦ୍ଧି ପାଏ ।
* ସାଧାରଣ ତାପମାତ୍ରା ୨୮.6ºF କୁ ବୃଦ୍ଧି ହେଲେ ଦେହରୁ ଝାଳ ବାହାରି ତା'ପରେ ଦେହକୁ ଥଣ୍ଡା କରିଥାଏ ।
* ଏତଦ ବ୍ୟତୀତ ଉଷୁମ ପାଣି ପିଇଲେ ଆମ ନର୍ଭ୍‌ସ ସିଷ୍ଟମରେ ଥିବା ଅନାବଶ୍ୟକ ପଦାର୍ଥଗୁଡ଼ିକ ନଷ୍ଟ ହେଇଯାଆନ୍ତି । କୁହାଯାଏ ଯେ ଏହା ଆମ ଚିନ୍ତାଧାରା ଓ ଭାବପ୍ରବଣାତାକୁ ମଧ୍ୟ ପ୍ରଭାବିତ କରିଥାଏ ।
* ଏହିଭଳି ଭାବରେ ଉଷୁମ ପାଣି ପିଇ ନିଜ ଦେହ ମନକୁ ଶୁଦ୍ଧ କରିପାରିବୋ
* ଏହାଦ୍ୱାରା ଖଞ୍ଜାସବୁ ମଜବୁତ ରହେ ଆଉ ଦେହରେ ବଳ ବଢ଼ିଥାଏ ।
* ଖଞ୍ଜାଗୁଡ଼ିକ ଅକାମି ବା ନଷ୍ଟ ହୁଅନ୍ତି ନାହିଁ ।
* ଦେହର ଓଜନ ସହ ସଂପର୍କ ତଥା ସହନଶୀଳତା ବୃଦ୍ଧି ପାଏ ।
* ନିଜେ ନିଜକୁ ସୁସ୍ଥ ଓ ସତେଜ ମନେକରି ଆତ୍ମଗୌରବ ରକ୍ଷା କରନ୍ତି ।
* ଏହାଦ୍ୱାରା ଖଞ୍ଜାଗୁଡ଼ିକ ଟାଣି ହୁଏ ନାହିଁ କି ହାତ ଗୋଡ ଫୁଲେ ନାହିଁ ।

ନିଜ ଶରୀର ପ୍ରଖ୍ୟାଳନ ନିମନ୍ତେ ପ୍ରତିଦିନ ଉଷୁମ ପାଣି ପିଇବା ଦରକାର । ପାଣିଟା ଏତେ ପରିମାଣରେ ଉଷୁମ ହେବ ଯଦ୍ୱାରା ପାଟି କିମ୍ବା ଜିଭ ପୋଡ଼ିଯିବ ନାହିଁ ଅଥଚ ଝାଳ ନିଶ୍ଚୟ ନିର୍ଗତ ହେବ । ଝାଳ ବୁହା ବନ୍ଦ ହେଲେ ପୁଣିଥରେ ଉଷୁମ ପାଣି ପିଇବା ଉଚିତ, ଯଦ୍ୱାରା ଶରୀରର ତାପମାତ୍ରାରେ ଭାରସାମ୍ୟ ରକ୍ଷା ହେଉଥିବ ।

ନାକପୁଡ଼ାର ସଫେଇ

ଉଷୁମ ପାଣି ପିଇବାଦ୍ୱାରା ନାକପୁଡ଼ା ମଧ୍ୟ ସଫାସୁତୁରା ରହିଥାଏ । ବେମାର ପଡ଼ିଥିବା ଲୋକେ ଉଷୁମ ପାଣି ପିଇଲେ ସଂକ୍ରମଣ (କଂଜେସନ) ହ୍ରାସ ପାଇଥାଏ । ଚ୍ା' କିମ୍ବା କଫିଏସବୁ କରିପାରେନା କାହିଁକି ? କାରଣ ଏହାଦ୍ୱାରା ଡି-ହାଇଡ୍ରେସନ ହେଇଥାଏ । ଉଷୁମ ପାଣି ପସନ୍ଦ ନହେଲେ ସାମାନ୍ୟ ଲେମ୍ବୁରସ ପକାଯାଇପାରେ ।

ପ୍ରୟୋଗ - ୯

ମାଇଣ୍ଡ ସ୍ନେକ୍ସ

'ମାଇଣ୍ଡ ସ୍ନେକ୍ସ'ର ଅର୍ଥ ହେଉଛି ଏକ ଏପରି କ୍ରିୟାକଳାପ ଯଦ୍ଦ୍ୱାରା କି ଆମ ନିତିଦିନିଆ 'ବ୍ରେନ ୱେଭ ପେଟର୍ଣ୍ଣ' (ମସ୍ତିଷ୍କର ତରଙ୍ଗ ପ୍ରଣାଳୀ) ବାଧାପ୍ରାପ୍ତ ହେଇଥାଏ । ଏହାଦ୍ୱାରା ନୂତନ ପଦ୍ଧତିରେ କାର୍ଯ୍ୟ କରାଯାଏ, ଯଦ୍ଦ୍ୱାରା ବ୍ରେନ୍ ସାର୍କିଟ୍‌କୁ ଭାଙ୍ଗି ମସ୍ତିଷ୍କ ତରଙ୍ଗର ଭାରସାମ୍ୟ ରକ୍ଷା ପୂର୍ବକ ନ୍ୟୁରେନ୍ସକୁ 'ଟୋନ୍-ଅପ୍' ଅର୍ଥାତ୍ ବ୍ୟବସ୍ଥିତ କରାଯାଇପାରେ । ଏପ୍ରକାର କ୍ରିୟାକଳାପ ନ୍ୟୁରୋଟନିକ ହର୍ମୋନ ସୃଷ୍ଟିକରି ଆମ ମସ୍ତିଷ୍କକୁ ସୁସ୍ଥ ଓ ସତେଜ ରଖିଥାଏ । ଆବଶ୍ୟକ ସ୍ଥଳେ ଏସବୁ ପ୍ରୟୋଗ କରନ୍ତୁ ।

୧. କୌଣସି ନୂତନ ପଦ୍ଧତିରେ ଏକ ବା ଏକାଧିକ ଇନ୍ଦ୍ରିୟକୁ ପ୍ରଯୁକ୍ତ କରିବା, ଯଥା:

* ଜୁସ୍ କିମ୍ବା ଡ୍ରିଙ୍କ୍‌ର ସ୍ୱାଦ ଗ୍ରହିବା ଯାହାର କେବଳ ଆମେ ସୁଗନ୍ଧ ଶୁଙ୍ଘିଛୁ ।
* ଏକା ସମୟରେ ଏକାଧିକ ଇନ୍ଦ୍ରିୟକୁ ଲଗେଇବା; ଯଥା : ସଂଗୀତ ଶୁଣି ଶୁଣି ଚିତ୍ର ଆଙ୍କିବା, ଗୋଲାପ ଫୁଲର ବାସନା ଶୁଙ୍ଘି ଶୁଙ୍ଘି ଚିଠି ବା ବହି ପଢ଼ିବା।

୨. ନିଜ ରୁଟିନ (କାର୍ଯ୍ୟ ନିର୍ଘଣ୍ଟ)କୁ ଭାଙ୍ଗିବାକୁ ଚେଷ୍ଟା କରିବା, ଯଥା :

* ସ୍କୁଲ, କଲେଜ୍ କିମ୍ବା ଅଫିସ୍‌କୁ ଅନ୍ୟ ରାସ୍ତା ଦେଇ ଯିବା ।
* ଅସାମାନ୍ୟ ଜଳଖିଆ କରି ଖାଇବା । ନ୍ୟୁଡଲ୍ସକୁ କଣ୍ଟେ ଚାମୁଚରେ ନଖାଇ ସାଧାରଣ ଚାମୁଚରେ ଖାଇବାକୁ ଚେଷ୍ଟା କରିବା ।

୩. ନବୀନ ପରିବେଶ ଖୋଜନ୍ତୁ; ପାର୍କ, ସିଟିମଲ, ଥିଏଟର କିମ୍ବା ଦୋକାନ ଯାଆନ୍ତୁ ।

୪ . **ସକାଳୁ ସକାଳୁ ସୁଗନ୍ଧି ଆଘ୍ରାଣ କରନ୍ତୁ;** ଯଥା : ପୋଦିନାର ପତ୍ର, ମେର୍ସିଙ୍ଗା ଡାଳ, ତୁଳସୀ ପତ୍ର କିମ୍ବା ବିଛଣାରୁ ଉଠି ଗୋଲାପ, ଲିଲି, ଟ୍ୟୁଲିପ ଇତ୍ୟାଦି ।

୫ . **ଆଖିବୁଜି କାମ କରିବା :** ଆଖି ବୁଜିବା ମାତ୍ରେ ଅନ୍ୟ ଇନ୍ଦ୍ରିୟ ସବୁ ସକ୍ରିୟ ହେଇଯା 'ନ୍ତି । ଆମେ ନିଜ ଅବଚେତନ ମନକୁ ଫେରିଆସୁ । ଭୁଲିଥିବା କଥାମନେ ପକାଉ । କୌଣସି ସିଦ୍ଧାନ୍ତ ନେବା । ଆଖିବୁଜି ଗାଧୋଇବା, ଖାଇବା, ଲୁଗା ପାଲଟିବା ଇତ୍ୟାଦି ।

୬ . **ଡାହାଣ ହାତ ପରିବର୍ତ୍ତେ ବାମ ହାତର ପ୍ରୟୋଗ :** ସାଧାରଣତଃ ଆମେ କରୁଥିବା କାମକୁ ଓଲଟା ହାତରେ କରିବା ଯଥା : ଲେଖିବା, ଦାନ୍ତ ସଫା କରିବା, ବାଳ କୁଣ୍ଡେଇ ହେବା ଇତ୍ୟାଦି । ଯଦ୍ଦ୍ୱାରା ଆମ ମସ୍ତିଷ୍କ ଆମକୁ କିଛିଟା ନୂତନତତ୍ତ୍ୱଜ୍ଞାନ ଦେଇ ସରସ ସୁନ୍ଦର କରିବ ।

୭ . **ଭିନ୍ନ ଧରଣର ପୋଷାକ ପିନ୍ଧିବା :** କେବେ ଚିନ୍ତା କରିଛନ୍ତି କି ? ଭିନ୍ନ ଧରଣର ପୋଷାକ ଆମ ଦେହମନକୁ ଖୁବ୍ ପ୍ରଭାବିତ କରିଥାଏ । ଆମ ଚିନ୍ତାଧାରା ବଦଳିଯାଏ । ବୈଜ୍ଞାନିକ ମାନେ ପୋଷାକର ପ୍ରକାର ଓ ରଙ୍ଗକୁ ନେଇ ଭିନ୍ନ ପ୍ରଭାବ ସଂପର୍କରେ ଏକମତ ।

୮ . **ନିଜେ ନିଜକୁ ଗଢ଼ି ତୋଳନ୍ତୁ :** ନିଜ ଦେହର ରଙ୍ଗ ସହ ମେଳ ଖାଉଥିବା ବସ୍ତ୍ର ପିନ୍ଧନ୍ତୁ, ଫିଗର ଅନୁସାରେ ପୋଷାକ ବାଛନ୍ତୁ । ମୁହଁ ଅନୁସାରେ ବାଳର ଷ୍ଟାଇଲ । ମଡେଲ ସାଜି ର୍ୟା-ରେ କେଟୱାକ୍ କରିବା କଥା ମୁଁ କହୁନି । ହେଲେ ନିଜ ପୋଷାକପତ୍ର ପ୍ରତି ଅଳ୍ପ ଦୃଷ୍ଟିଦେଲେ ନିଜର ଆତ୍ମବିଶ୍ୱାସ ବଢ଼ିବା ସାଙ୍ଗକୁ ମନରେ ଫୁର୍ତ୍ତି ମଧ୍ୟ ଆସିବ ।

ପ୍ରୟୋଗ -୧୦

ଆସନ୍ତୁ ଭେଟିବା ଅଦୃଶ୍ୟ ଡାକ୍ତର-ନ୍ୟୁନୋଲୋଜିଷ୍ଟ

ଉପକାର : ଏ ପ୍ରକାର ବ୍ୟାୟାମ ଦ୍ୱାରା ମନରୁ ଦୁଶ୍ଚିନ୍ତା ଦୂର ହେଇ ଅନେକ ବଂଶାନୁଗତ ରୋଗ ଠିକ୍ ହେଇଥାଏ । ଚର୍ମ ମସୃଣ ହୁଏ, ମୁହଁର ବ୍ରଣ କମିଯାଏ, ଆମ ଇମ୍ୟୁନ ପ୍ରଣାଳୀ ମଜବୁତ ହେବା ସାଂଗକୁ ଶରୀର ସୁସ୍ଥ ଓ ସତେଜ ହୁଏ । ଏହାଦ୍ୱାରା ରାତ୍ରିରେ ରକ୍ତଶୁଦ୍ଧି ସାଂଗକୁ ରକ୍ତଗ୍ରୁପ ମଧ୍ୟ କମିଥାଏ ଆଉ ଆମ ଦେହର (ଡିଫେନ୍‌ସ ମେକାନିଜ୍‌ମ) ଅର୍ଥାତ୍ ଶ୍ୱେତ ରକ୍ତ କଣିକା ବୃଦ୍ଧି ପାଇଥାଏ।

ରକ୍ତଗ୍ରୁପ କମେଇବା ତଥା ଶରୀରର (ଡିଫେନ୍ସ ମେକାନିଜ୍‌ମ (Defence Mechanism) ବୃଦ୍ଧି ସକାଶେ ନ୍ୟୁରୋବିକ୍ସର ନିମ୍ନଲିଖିତ ପଦକ୍ଷେପ ଗ୍ରହଣ କରାଯାଇପାରେ ।

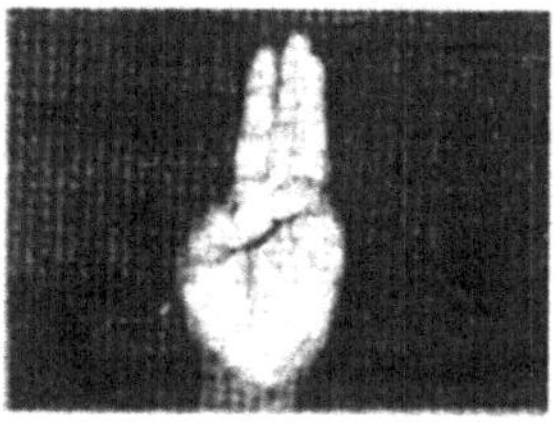

ପ୍ରଥମ ସୋପାନ : ବରୁଣ ମୁଦ୍ରା କରି ଆରାମରେ ବସିପଡନ୍ତୁ । ଉଭୟ ନାକପୁଡ଼ାରେ ପାଞ୍ଚ ପାଞ୍ଚଥର ଦ୍ରୁତ ଓ ମନ୍ଥର ଗତିରେ ନିଶ୍ୱାସ ମାରନ୍ତୁ । ପ୍ରଶ୍ୱାସ ଗ୍ରହଣ ସମୟରେ ଗୈରିକ ବସନ ସଦୃଶ ନାରଂଗୀ ରଂଗର କଳ୍ପନା କରି ସମଗ୍ର ଶରୀରର ରକ୍ତ କଣିକାକୁ ପୁନର୍ଜୀବିତ କରିବା କଥା ଭାବନ୍ତୁ । ନିଶ୍ୱାସ ଛାଡିବା ସମୟରେ କଳାଧୂଆଁ ପରି ଅପଶିଷ୍ଟ ପଦାର୍ଥ ବାହାରୁଥିବା କଥା ଚିନ୍ତା କରନ୍ତୁ ।

ଦ୍ୱିତୀୟ ସୋପାନ : ଡାହାଣ ହାତରେ ବୃଦ୍ଧାଙ୍ଗୁଳିକୁ ଡାହାଣ ନାକପୁଡ଼ାରେ ରଖି ବନ୍ଦ କରନ୍ତୁ । ବାମ ହାତକୁ ବରୁଣ ମୁଦ୍ରାରେ ରଖନ୍ତୁ । କୌଣସି ଶବ୍ଦ ନକରି ପାଞ୍ଚଥର ଦ୍ରୁତ ଓ ମନ୍ଥର ଗତିରେ ଶ୍ୱାସକ୍ରିୟ କରନ୍ତୁ । ଏଥର ମଧ୍ୟ ପୂର୍ବପରି ନାରଂଗୀ ରଙ୍ଗର କଳ୍ପନା କରନ୍ତୁ ।

ତୃତୀୟ ସୋପାନ : ଏଥର ବାମ ହାତରେ ବୃଦ୍ଧାଙ୍ଗୁଳିକୁ ବାମ ନାକପୁଡ଼ାରେ ରଖି ବନ୍ଦ କରନ୍ତୁ । ଡାହାଣ ହାତ ବରୁଣ ମୁଦ୍ରାରେ ଥାଉ । ପୂର୍ବପରି ପାଞ୍ଚଥର ଦ୍ରୁତ ଓ ମନ୍ଥର ଗତିରେ ଶ୍ୱାସକ୍ରିୟ କରନ୍ତୁ । ମାନସିକ ଚିତ୍ରଣ ପୂର୍ବବତ୍ ଅବ୍ୟାହତ ରହୁ।

ଏପରି ତୃତୀୟ ସୋପାନ କଲାପରେ ଗୋଟିଏ ଚକ୍ର ପୂର୍ଣ୍ଣ ହେଇଥାଏ । ରକ୍ତ କଣିକାର ଶୁଦ୍ଧି ପାଇଁ ଅନ୍ତତଃ ପାଞ୍ଚଚକ୍ର କରିବା ବିଧେୟ ।

ପ୍ରୟୋଗ - ୧୧

ଆସନ୍ତୁ ଭେଟିବା ଅଦୃଶ୍ୟ ଡାକ୍ତର-ନ୍ୟୁରୋଲୋଜିଷ୍ଟ

ଉପକାର : ଏହା ମସ୍ତିଷ୍କ, ମାଇଗ୍ରେନ, ସ୍ନାୟୁତନ୍ତ୍ର ଓ ଆଖିର ସ୍ଥାନ ପରିବର୍ତ୍ତନରୁ ମୁକ୍ତି ଦେଇ ତାକୁ ବ୍ୟବସ୍ଥିତ କରିବାରେ ସହାୟକ ହୁଏ । ଏହା ପ୍ରଥମେ ମନମସ୍ତିଷ୍କକୁ ସ୍ଥିର ରଖି ପରେ ପରେ ତାକୁ ଦୃଢ଼ କରିବାରେ ସାହାର୍ଯ୍ୟ କରେ । ଆମେ ଏହାକୁ 'ଓମ୍'ର ଜପ ସହ କରିଥାଉ । ଜପର ଉଦ୍ଦେଶ୍ୟ କେବଳ ଏହା ନୁହଁ ଯେ ଆମ ମନ ସ୍ଥିର ହେଇ ଆଧ୍ୟାତ୍ମିକ ସ୍ତରକୁ ନେଇଯିବ । ପ୍ରକୃତ କଥା ହେଲା ଜପ କରିବା ଦ୍ୱାରା ଭାବାତ୍ମକ ଉତ୍ତେଜନା ସହ ମାନସିକ ଶକ୍ତି ଠୁଳ ହେଇଥାଏ । ଏହା ଏକପ୍ରକାର ଇନ୍‌ଷ୍ଟେଣ୍ଟ 'ଏନାର୍ଜି ବୁଷ୍ଟର' । ଏହା ନ୍ୟୁରୋବିକ ମନକୁ ଉଶ୍ୱାସ କରି ତୃତୀୟ ନେତ୍ର ଖୋଲି ସୃଜନାତ୍ମକ କାର୍ଯ୍ୟରେ ଅଭିବୃଦ୍ଧି ଘଟାଏ ।

'OM' ଏକ ଏଭଳି ଶବ୍ଦ ଯାହା AUM କୁ ନେଇ ଗଠିତ । ଓମ୍ ଜପ କରିବାଦ୍ୱାରା ପଞ୍ଚତତ୍ତ୍ୱରୂପୀ ଶରୀରରେ କ-ନ ସୃଷ୍ଟି ହେଇଥାଏ । ପୁଣି ଜପ ସରିଲା ପରେ 'ଆଜ୍ଞା ଚକ୍ର'ରେ ପ୍ରତିଧ୍ୱନିତ ହୁଏ ।

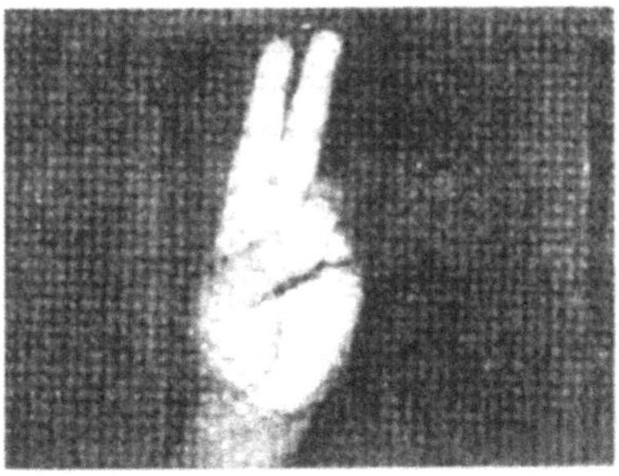

ନିମ୍ନଲିଖିତ ସୋପାନ ଅନୁସାରେ

ପ୍ରଥମ ସୋପାନ : ଆଣ୍ଠୁ ମାଡ଼ି କିମ୍ବା ଚଉକିରେ ଏପରି ବସନ୍ତୁ ଯେ ପିଠିଟା ସିଧା ହେଇ ଦୁଇହାତ 'ପ୍ରାଣ ମୁଦ୍ରା'ରେ ଥିବା ବାଞ୍ଛନୀୟ ।

ଦ୍ୱିତୀୟ ସୋପାନ : କଳ୍ପନା କରନ୍ତୁ ଯେ, ଘନନୀଳ ରଂଗ ସର୍ବତ୍ର ବ୍ୟାପ୍ତ ଆଉ ତାକୁ ଧୀରେ ଧୀରେ ଆପଣ ଗ୍ରହଣ କରୁଛନ୍ତି ନାକ ବାଟେ ।

ତୃତୀୟ ସୋପାନ : ଏଥର ଓଠକୁ 'ଓ' ଅକ୍ଷର ଭଳି କରନ୍ତୁ ।

ଚତୁର୍ଥ ସୋପାନ : ଧୀରେ ଧୀରେ 'ଓ....ମ' ଶବ୍ଦ କହି ନିଶ୍ୱାସ ଛାଡ଼ନ୍ତୁ ଆଉ ଭାବନ୍ତୁ ଯେ ଦେହର ସମସ୍ତ ଅପଶିଷ୍ଟ ପଦାର୍ଥ ପଦାକୁ ବାହାରି ପଡୁଛି ।

ପଞ୍ଚମ ସୋପାନ : ଏଭଳି ଅନ୍ତତ ୫ - ୧୦ ମିନିଟଯାଏ କରନ୍ତୁ ।

'ଓମ୍' ଆମ ଧର୍ମ ଓ ସଂସ୍କୃତିର ଏକ ଗୁରୁତ୍ୱପୂର୍ଣ୍ଣ ଶବ୍ଦ । ଶିଖ୍‌ମାନଙ୍କ ମନ୍ତ୍ର ଓଙ୍କାର ସତନାମ, ଇସ୍ଲାମ ଧର୍ମରେ - ଆଲ୍ଲା - ଓ - ଆକବର .... ଆଦିରେ ମଧ୍ୟ ଓ .....SS ଅକ୍ଷରଟି ବିଶେଷ ଭାବରେ ପ୍ରଯୁକ୍ତ । ଏହା ସମସ୍ତ ଧ୍ୱନିର ଚୁଇନିଟି ଧରାଯାଏ । ଜୀବନ ସଂଗୀତ ଏହାରି ମାଧ୍ୟମରେ ଧ୍ୱନିତ ଓ ପ୍ରତିଧ୍ୱନିତ ଅର୍ଥାତ୍ ଝଙ୍କୃତ ।

ପ୍ରୟୋଗ - ୧୨
ଆସନ୍ତୁ ଭେଟିବା ଅଦୃଶ୍ୟ ଡାକ୍ତର- ଏଣ୍ଡୋକ୍ରିନୋଲୋଜିଷ୍ଟ

ଉପକାର : ଆନନ୍ଦଦାୟକ 'ସାଉଣ୍ଡ ନ୍ୟୁରୋବିକ୍ସ' କରିବା ଦ୍ୱାରା ଶରୀରର ସମଗ୍ର କୋଷରେ ୨୦୦୦ ହର୍ଟଜ୍ ପ୍ରତି ସେକେଣ୍ଡର ଫ୍ରିକ୍ୱେନ୍ସି ଉତ୍ପନ୍ନ ହେଇଥାଏ; ଯଦ୍ୱାରା ଏଣ୍ଡରଫିନ୍ ଓ ଏ୍ୱନ୍ସିଫେଲିନ୍ ନାମକ ହର୍‌ମୋନ ତିଆରି ହୁଏ । ଏହା ଦୁଃଖ କଷ୍ଟକୁ କମେଇବା ସାଂଗକୁ ସୁଖ ଓ ଆନନ୍ଦାନୁଭୂତି କରାଏ । ଏପ୍ରକାର ବ୍ୟାୟାମ କଲେ ନିଦ ଭଲ ଆସେ ଆଉ ନିଦ୍ରାଚକ୍ର (ସ୍ଲିପ ସାଇକେଲ)ର ସମୟ ହ୍ରାସ ପାଏ । ଏହା ଅନେକାଂଶରେ ମସ୍ତିଷ୍କ ତଥା ସ୍ମୃତିଶକ୍ତିକୁ ବୃଦ୍ଧି କରିଥାଏ ।

'ବ୍ଲିସଫୁଲ ସାଉଣ୍ଡ' ଅର୍ଥାତ୍ ଆନନ୍ଦଦାୟକ ସ୍ୱରକୁ 'ହମିଂଗ ସାଉଣ୍ଡ'(Humming Sound) ମଧ୍ୟ କୁହାଯାଏ । ଏହା M ଓ N ଅକ୍ଷର ଦ୍ୱୟକୁ ନେଇ ସୃଷ୍ଟ ।

ଏପରି ନ୍ୟୁରୋବିକ ବ୍ୟାୟାମକୁ ନିମ୍ନଲିଖିତ ସୋପାନରେ କରାଯାଇପାରେ।

ପ୍ରଥମ ସୋପାନ : ଆଣ୍ଠୁ ଭାଙ୍ଗି ଚଉକିରେ ବସିପଡନ୍ତି କିନ୍ତୁ ପିଠି ସିଧା ଓ ହାତଟା ଧ୍ୟାନ ମୁଦ୍ରାରେ ଥିବା ଆବଶ୍ୟକ।

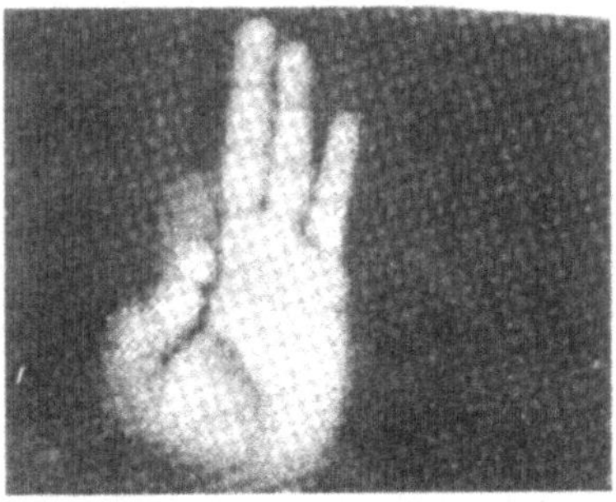

ଦ୍ୱିତୀୟ ସୋପାନ : ଏଥର ଜିଭକୁ ଓଲଟାଇ ତାଳୁକ ସ୍ପର୍ଶ କରି ପାଟି ବନ୍ଦ ରଖନ୍ତୁ ।

ତୃତୀୟ ସୋପାନ : ବର୍ତ୍ତମାନ ଭାଇଗଣି ରଂଗର ଦୃଷ୍ଟିକୁ ଆସ୍ତେ ଆସ୍ତେ ନିଜ ଶରୀର ଭିତରେ ପଶିଯାଉଥିବାର କଳ୍ପନା କରନ୍ତୁ । ଏଥର ଅନୁଭବ କରନ୍ତୁ ଯେ ବାଇଗଣି ରଂଗର ବର୍ଷା କ୍ରାଉନ ଚକ୍ର ଦ୍ୱାର ଦେଇ ସର୍ବାଙ୍ଗ ଶରୀରରେ ମିଶିଯାଇଆମକୁ ରିଲେକ୍ସ କରୁଛି ଅର୍ଥାତ୍ ଆରାମ ଦେଉଛି ।

ଚତୁର୍ଥ ସୋପାନ : ଏଥର ପାଟିରୁ 'ହମିଂଗ ସାଉଣ୍ଡ' ସୃଷ୍ଟି କରି ଆସ୍ତେ ଆସ୍ତେ ନିଶ୍ୱାସ ଛାଡନ୍ତୁ ଆଉ ମନେ କରନ୍ତୁ ଯେ ସବୁତକ ଟକ୍ସିନ ଦେହରୁ ପଦାକୁ ବାହାରିଯାଇ ଆନନ୍ଦ ପ୍ରଦାନ କରୁଛି ।

ପଞ୍ଚମ ସୋପାନ : ବର୍ତ୍ତମାନ ପ୍ରତ୍ୟେକ ସୋପାନକୁ ଯଥାକ୍ରମେ ପାଞ୍ଚ ଦଶ ମିନିଟ ଯାଏ କରିଚାଲନ୍ତୁ ।

ଆସ୍ତେ ଆସ୍ତେ ଅଭ୍ୟାସ ବଳରେ ଶ୍ୱାସକ୍ରିୟାକୁ ଏକମିନିଟ ମଧ୍ୟରେ ସୀମିତ କରନ୍ତୁ ।

ପ୍ରୟୋଗ - ୧୩

ଆସନ୍ତୁ ଭେଟିବା ଅଦୃଶ୍ୟ ଡାକ୍ତର-ଗେଷ୍ଟ୍ରୋଏଣ୍ଟ୍ରୋଲୋଜିଷ୍ଟ

ଉପକାର : ଏ ପ୍ରକାର ବ୍ୟାୟାମ ଜଗିଂ ସଙ୍ଗେ ସମାନ; ଯଦ୍ୱାରା ଦେହରୁ ସମସ୍ତ ମେଟାବଲିକ୍ ୱେଷ୍ଟ ଅର୍ଥାତ୍ ଅପଚୟ ପଦାର୍ଥ ସଫା ହେଇଥାଏ । ଦେହର ମାଂସପେଶୀମାନଙ୍କୁ ଅଧିକ ନଥୁଙ୍କାଇ ମଧ୍ୟ ହାର୍ଟ ରେଟ୍ ଅର୍ଥାତ୍ ହୃଦୟର ଧକ୍ ଧକ୍ ଶବ୍ଦକୁ ବୃଦ୍ଧି କରିଥାଏ । ଖୁସି ତଥା ହସହସ ବଦନ ରହି ନିଜର ପରିପାକ ପ୍ରଣାଳୀକୁ ପୁଷ୍ଟ କରାଯାଇପାରେ । ଏହାଦ୍ୱାରା ଓଜନ କମିଯାଏ ଓ ମଧୁମେହ ତଥା ଯକୃତ ସମସ୍ୟାରୁ ମୁକ୍ତି ମିଳିଥାଏ ।

ଖୁସି ନହେଲେ ଆମ ଜୀବନ ନିରସ ହେଇଯାଏ ଓ ଆମ ପରିପାକ ପ୍ରଣାଳୀରେ ଦୁଷ୍ପ୍ରଭାବ ପଡ଼ିଥାଏ । ଏଣୁ ପ୍ରସନ୍ନ ହେବା ବଞ୍ଚିବାର ଏକମାତ୍ର ପନ୍ଥା ଅଟେ । Joyfull Neurobies : କରିବା ପାଇଁ ନିମ୍ନ ପଦକ୍ଷେପ ନିଆଯାଇପାରେ ।

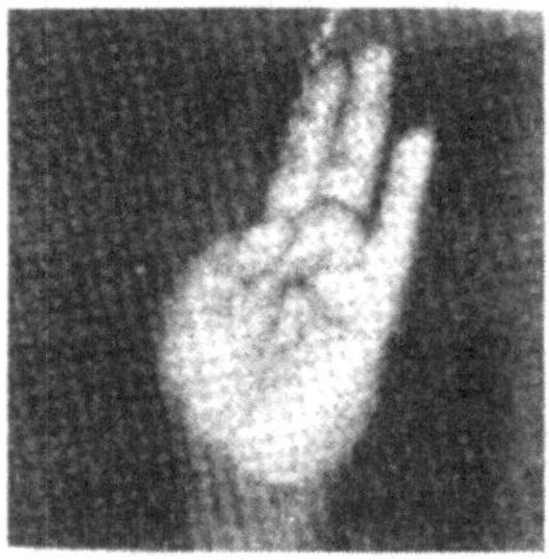

ପ୍ରଥମ ସୋପାନ : ପ୍ରଥମେ ଡାହାଣ ନାକପୁଡ଼ା ଦେଇ ଶ୍ୱାସ ନେଇ ବାମ ନାକପୁଡ଼ାରେ ଛାଡନ୍ତୁ ଆଉ ନିଜକୁ 'ୱାର୍ମ-ଅପ୍' କରନ୍ତୁ । ଏହା କଲାବେଳେ ଡାହାଣ ବୃଦ୍ଧାଙ୍ଗୁଳିରେ ଡାହାଣ ନାକପୁଡା ଆଉ କନିଷ୍ଠାଙ୍ଗୁଳିରେ ବାମ ନାକପୁଡା ବନ୍ଦରଖନ୍ତୁ । ବାମହାତ 'ଅଗ୍ନିମୁଦ୍ରା'ରେ ରହିବା ଦରକାର । ପ୍ରଶ୍ୱାସ ନେବାବେଳେ ହଳଦିଆ ରଙ୍ଗର ରଶ୍ମି ତଳିପେଟକୁ ପ୍ରବେଶ କରୁଛି ବୋଲି ଅନୁଭବ କରନ୍ତୁ । ପ୍ରଶ୍ୱାସରେ କଳାରଙ୍ଗର ଟକ୍ସିନ୍ ପଦାକୁ ବାହାରୁ ଆଉ ମନଟା ଖୁସି ଜଣାପଡୁ ।

ଦ୍ୱିତୀୟ ସୋପାନ : ଏଥର ଆସ୍ତେ ଆସ୍ତେ ନିଶ୍ୱାସ ମାରି ସୁବର୍ଣ୍ଣ ରଶ୍ମି ବୃଷ୍ଟି କଥା ଚିନ୍ତା କରନ୍ତୁ ।

ତୃତୀୟ ସୋପାନ : ପାଟିରୁ ବାରମ୍ବାର ନିଶ୍ୱାସଛାଡ଼ି ପେଟଟାକୁ ଖାଲି କରିଦିଅନ୍ତୁ । ଯଦ୍ୱାରା ଅନ୍ତଃନଳୀ ଜାକି ପ୍ରାୟ ଶିଶୁମାନଙ୍କର ହସ ସମୟରେ ଏମିତି ହୁଏ ।

ଚତୁର୍ଥ ସୋପାନ : ନିଶ୍ୱାସ ଛାଡିବା ସମୟରେ 'ଟକ୍ସିନ୍' ପଦାକୁ ଯିବା କଥା ଭାବନ୍ତୁ

ପଞ୍ଚମ ସୋପାନ : ଖାଦ୍ୟ ଭଲ ଭାବରେ ହଜମ ହେବା ପାଇଁ ଏହାକୁ ଅନ୍ତତଃ ୨୧ଥର କରନ୍ତୁ । ମଧୁମେହ ରୋଗୀ ଏ ବ୍ୟାୟାମକୁ ୫୧ରୁ ୧୦୦ ଥରକୁ ଆସ୍ତେ ଆସ୍ତେ ବଢ଼ାଇ ପାରନ୍ତି ।

ପ୍ରୟୋଗ - ୧୪
ମାଇଣ୍ଡ ମେଡ଼ିସିନ କ୍ଲିନିକ

ମନେରଖନ୍ତୁ, ଆମେ ଏହି ମସ୍ତିଷ୍କ ରୂପକ କୋଠରିକୁ ଆଜୀବନ ବ୍ୟବହାର କରିବା ଓ ସୁସ୍ଥ ତଥା ସତେଜ ସାଂଗକୁ ସ୍ୱାଧୀନ ହେଇରହିବା । ଆମେ କୌଣସି ସାମାନ୍ୟ ରୋଗର ଚିକିତ୍ସା ପାଇଁ କେଉଁ ଡାକ୍ତର ପାଖକୁ ଯିବାନାହିଁ । ଏଣୁ ଆମେ ଆମର ସ୍ୱାସ୍ଥ୍ୟକୁ ସଦା ବଜାୟ ରଖିବା ।

ଚିରାଚରିତ ପ୍ରଥାନୁସାରେ ଚିକିତ୍ସା କରିବା ବେଶ୍ ସମୟ ସାପେକ୍ଷ ଓ ଅଧିକ ଖର୍ଚ୍ଚ ହେଉଥିବାରୁ ମାଇଣ୍ଡ ମେଡିସିନ ଏକ ଆଶୀର୍ବାଦ କହିଲେ ଚଳେ ।

ହେଲେ ଏହି ବ୍ୟାୟାମ କଲାବେଳେ ଆମେ ତାହାର କୌଣସି ଅଂଶକୁ ବାଦ ଦେବା ନାହିଁ ; ସଂପୂର୍ଣ୍ଣତାର ସହିତ କରିବା । କାହିଁକି ନା ଏହା ଏକ ପ୍ରକାର ମାନସିକ ଶକ୍ତି ସୃଷ୍ଟି କରିବ ତଥା ଏହା ଏକ ମାନସିକ ଔଷଧାଳୟ ଭାବରେ କାମ କରିବ । ଏହାକୁ ନଷ୍ଟ କରିହେବ ନାହିଁ । କାହିଁକିନା ଏହାର ଏକ ଅସାଧାରଣ ସାମର୍ଥ୍ୟ ନିହିତ ଥିବ । ଯେପରି ଯେ କୌଣସି ଭବନର ମୂଳଭିତ୍ତି ସବୁଠୁ ବେଶି ଗୁରୁତ୍ୱପୂର୍ଣ୍ଣ ଥାଏ ।

ଏଣୁକରି ଏହି ବ୍ୟାୟାମକୁ ନିମ୍ନାନୁସାରେ କରିବା ବିଧେୟ :

* ଚଟାଣରେ ବସି କିମ୍ବା ଗଡ଼ିପଡ଼ି ନିଜ ଆଖିବୁଜି ତିନିଥର ଦୀର୍ଘଶ୍ୱାସ ମାରନ୍ତୁ।
* ଏସବୁ କଲାପରେ ଏକ ସୁନ୍ଦର ରାସ୍ତାର ପରିକଳ୍ପନା କରନ୍ତୁ । ଏଥର ସେହି ରାସ୍ତାରେ ଚ୍ଛାଲନ୍ତୁ । ଦେଖିବେ, ଖୁବ୍ ଶୀଘ୍ର ଏକ ଦୁଆର ଦେଖାଯିବ । ଉକ୍ତ ଦ୍ୱାରରେ ନିଜନାମ ଲେଖାଥିବ । ବନ୍ଦକବାଟରେ ତାଲା ଓ ଚ୍ଛାବି ଦୃଶ୍ୟମାନ ହେବ ।
* ଏଥର ତାଲା ଖୋଲନ୍ତୁ କବାଟ ଖୋଲି ଭିତରେ ପ୍ରବେଶ କରି ଭିତରପଟୁ ତାଲା ବନ୍ଦକରି ଦିଅନ୍ତୁ ।
* ଏଥର କୋଠରିର ଚତୁର୍ପାର୍ଶ୍ୱରେ ଆଖି ବୁଲେଇ ଆଣନ୍ତୁ । ଦେଖିବେ, ଏହାହିଁ ଆମ ସ୍ୱପ୍ନର କୋଠରି । ଏଥିରେ ବିଭିନ୍ନ ଆସବାବ ସଜାହେଇଥିବ ଯଥା ଚଉକି, ଟେବୁଲ, ବେଞ୍ଚ ଇତ୍ୟାଦି । ହଁ, ଝରକାଟି ବଗିଚ୍ଛାପଟକୁ ଖୋଲାଥିବ । ସେଠାରେ ଏକ ଆରାମ ଚଉକି ମଧ୍ୟ ପଡ଼ିଥିବ ।

ଏହାହିଁ ଆମ ମାନସିକ ଔଷଧାଳୟ । ବର୍ତ୍ତମାନ ଆମେ ଏହାକୁ ନିଜ ଆବଶ୍ୟକତା ଅନୁସାରେ ସଜେଇଚ୍ଛାଲିବା ।

ଏଥର ନିଜେ ନିଜକୁ ପ୍ରଶ୍ନ କରନ୍ତୁ - କେଉଁ ବସ୍ତୁ ମତେ ସର୍ବାଧିକ ଆବଶ୍ୟକ? କ'ଣ ଆମକୁ 'ମାଇଗ୍ରେନ'ର କଷ୍ଟ ବାଧେ କି ? କ'ଣ ଆମେ ମଧୁମେହ ରୋଗଗ୍ରସ୍ତ କି ? ଆଣ୍ଠୁବାତ ଦ୍ୱାରା ଆମେ ପୀଡ଼ିତ କି ? ଏହାଦ୍ୱାରା ଆମେ ଖୁବ୍ କଷ୍ଟ ପାଉଛୁ କି ? ଯାହା ହେଉନା କାହିଁକି, ଏଥର ଆସନ୍ତୁ ଏହାର ନିଦାନ ହେତୁ ପ୍ରଥମ ପଦକ୍ଷେପ ଗ୍ରହଣ କରିବା ।

ମନେକରନ୍ତୁ, ଆମକୁ ମୁଣ୍ଡବ୍ୟଥା ହେଉଛି !

୧. ଏଥର ଆରାମ ଚଉକିରେ ବସିପଡ଼ିବା । ଆଖି ବୁଜି ମନେମନେ ଖାଲିଡବାକୁ ନେଇ କଳ୍ପନା କରିବା । ଗୋଟାଏ କାଗଜରେ ଲେଖିବା ମୁଣ୍ଡବ୍ୟଥାର ଔଷଧ ଆଉ ସେ ଡବାରେ ଅଠାଦେଇ ମାରିଦେବା । ଦେଖିବା ଉକ୍ତ ଡବାଟି ଆପେ ଆପେ ମୁଣ୍ଡ ବ୍ୟଥାର ବଟିକାରେ ଭର୍ତ୍ତିହେଇଯିବ । ଏସବୁ ବଟିକା ଜୀବନ ତମାମ ଆମର ଆବଶ୍ୟକତାକୁ ପୂରଣ କରିବ । ଏହାର ଏକ୍ସପାଇରି ଡେଟ୍ ନାହିଁ କହିଲେ ଚଳେ ।

୨. ଏଣୁ ନିଜେ ନିଜର ଚିକିତ୍ସା କରିବା ଆସନ୍ତୁ । ଗୋଟିଏ ଯୋଡ଼େ ବଟିକା ଡବାରୁ ବାହାର କରି ନିଜ ପାଟିରେ ପକେଇ ଦିଅନ୍ତୁ । ଡବାଟାକୁ ଯଥା ସ୍ଥାନରେ ଥୋଇ ଦିଅନ୍ତୁ । ନୀରବ ହେଇ ଏଥର ବସିପଡନ୍ତୁ । ବାଃ ! କି ଚମତ୍କାର ! କିଛି ସମୟ ମଧ୍ୟରେ ମୁଣ୍ଡବ୍ୟଥା ଉଭେଇଯିବ ।

ଅସମ୍ଭବ ? ନୁହଁ ! କିନ୍ତୁ ବାସ୍ତବରେ ଆମେ କ'ଣ କଲୁ ?
ନିଜନିଜ ସମସ୍ୟାକୁ ନେଇ ଆମେ ଚିନ୍ତିତ ହେଇ ମନେମନେ ତା'ର ସମାଧାନ ହେତୁ ରାସ୍ତା ଖୋଜିଲୁ । ବିଶ୍ୱାସ କରନ୍ତୁ ଆମେ ଶହେ ପ୍ରତିଶତ ଠିକ୍ ହେଇଯିବା । ଏହିପରି ଭାବରେ ଆମେ ପ୍ରାକୃତିକ ଉପାୟରେ ମୁଣ୍ଡବ୍ୟଥାର ଔଷଧ ତିଆରି କଲୁ ; ଯଦି ଏହାର ସତ୍ୟତା ଜାଣିବାକୁ ଚାହାନ୍ତି, ତେବେ ତା'ର ନାମ ହେଉଛି 'ଏଣ୍ଡରଫିନ୍' । ଏଥିରେ ଆମ ମନ ଶରୀରର ସଂପୂର୍ଣ୍ଣ କାର୍ଯ୍ୟାବଳୀକୁ ନିୟନ୍ତ୍ରିତ କରୁଛି ।

ନିଜକୁ ନିଜେ କାର୍ଯ୍ୟବ୍ୟସ୍ତ ରଖି ଆମେ ସ୍ୱାଧୀନ ଭାବରେ ଏକ ଗୁରୁତ୍ୱପୂର୍ଣ୍ଣ ପଦକ୍ଷେପ ଗ୍ରହଣ କଲୁ । ଏଭଳି ସ୍ୱୟଂସ୍ଫୂର୍ତ୍ତ ଭାବରେ ଏକ ମାନସିକ ବା ମସ୍ତିଷ୍କ ଔଷଧାଳୟ ନିର୍ମାଣ କରି ଆମେ ଆମର ରୋଗକୁ ଦୂରେଇପାରିବା ବାସ୍ତବରେ ଏହା ଏକ 'କୁହୁକ କକ୍ଷ' । ଏଣୁ ପ୍ରତିଦିନ ଉକ୍ତ ମସ୍ତିଷ୍କ ଔଷଧାଳୟକୁ ଯାଇ ପରାମର୍ଶ ନେବା ବିଧେୟ । ଆମେ ସୁସ୍ଥ ରହୁ ବା ଅସୁସ୍ଥ; ଏଠାକୁ ଯିବାକୁ ହିଁ ପଡିବ । ହୁଏତ,କାଲିକି କୌଣସି ବିଷମ ସମସ୍ୟା ସୃଷ୍ଟି ହେଇପାରେ ଏଣୁ ପୂର୍ବ ପ୍ରସ୍ତୁତି ଭାବରେ ଭିନ୍ନ ଭିନ୍ନ ଔଷଧ ନିର୍ମାଣ କରି ଡବାରେ ଆଗରୁ ରଖିବାନି କାହିଁକି?

ଏପ୍ରକାର ଔଷଧ ତାଲିକାର ସମାପ୍ତି ନଥାଏ । ମୁଣ୍ଡବ୍ୟଥା, ପେଟବ୍ୟଥା, ପିଠିବ୍ୟଥା ବଟିକା, ଦେହକୁ ପତଲା କରିବାର ବଟିକା, ହରମୋନ୍ସ ବଟିକା, ଭାଙ୍ଗ, ଅଫିମ, ଚରସ ବଟିକା । ହଁ, ଜଣେ ନିଶାଦ୍ରବ୍ୟ ସେବନ କରୁଥିବା ବ୍ୟକ୍ତିକୁ ଉଚିତ ପରିମାଣର ନିଶାଦ୍ରବ୍ୟ ନିହାତି ଦରକାର । ତା'ନହେଲେ ତା'ବଞ୍ଚିବା କଷ୍ଟକର । ଏଣୁ ଏପ୍ରକାର ବଟିକା ଖାଇବା ଦ୍ୱାରା ସେ ପ୍ରକୃତ ନିଶାଦ୍ରବ୍ୟରୁ ମୁକ୍ତ ହେଇପାରିବ । ନିଶା ନିବାରଣ ସକାଶେ ଏହା ଏକ ସରଳ ଉପାୟ । ଏପ୍ରକାର ବଟିକା ଖାଇବା ଦ୍ୱାରା ସେ ପ୍ରକୃତ ନିଶା ଦ୍ରବ୍ୟରୁ ମୁକ୍ତ ହେଇପାରିବ । ନିଶା ନିବାରଣ ସକାଶେ ଏହା ଏକ ସରଳ ଉପାୟ । ଏପ୍ରକାର ପଦ୍ଧତି ସେହି ସ୍ତରର ଉତ୍ତେଜନା (ଷ୍ଟିମୁଲେସନ) ଦେଇଥାଏ । ଏଣୁ ଯାହା ଆମେ ଗ୍ରହିଥାଉ, ତାହା ଉକ୍ତ ଡବାରୁ ଆମେ ପାଇପାରୁ । ଏପରି ଭାବରେ ଆମେ ବିଭିନ୍ନ ଇଞ୍ଜେକସନର ନିର୍ମାଣ ମଧ୍ୟ କରିପାରିବା ।

ଅନ୍ୟ ଏକ ଉଦାହରଣରେ ଆମେ ମଧୁମେହରୁ ମୁକ୍ତି କଥା ଆଲୋଚନା କରିବା । ପୂର୍ବପରି ମସ୍ତିଷ୍କ ଔଷଧାଳୟରେ ପ୍ରବେଶ କରିବା ଆଉ ସିରିଞ୍ଜ କାଢ଼ି ଶିଶିରେ ଥିବା ଇନ୍‌ସୁଲିନ୍ ପୂରେଇ ଆମ ଦେହ ଭିତରକୁ ଇଂଜେକ୍ଟ କରିଦେବା । ଦେଖିବା ସ୍ୱତଃସ୍ଫୁର୍ତ୍ତ ଭାବରେ ବ୍ୟବହୃତ ସିରିଞ୍ଜ ଆଉ ଶିଶି ଉଭେଇଯିବ । ରୋଗୀ ଜଣକ ବିଶ୍ରାମ କରିବ ।

ଇନ୍‌ସୁଲିନ ଗ୍ରହଣ କଲାପରେ ଦେଖିବା ରୋଗୀ ଜଣକ ପୂର୍ବାପେକ୍ଷା ସୁସ୍ଥ ଓ ସହଜ ମନେହେବ; କାହିଁକି ନା ଇନ୍‌ସୁଲିନ ନେବା ପରେ ଆମ 'ପାନ୍‌କ୍ରିୟସ'ରୁ ରସ ନିର୍ଗତ ହେବାରେ ଲାଗିଛି । ଆରାମରେ ବସି ଆଖି ବୁଜିଦେଲେ ଚିକିତ୍ସା ଆରମ୍ଭ ହେଇଯିବ ।

ପ୍ରତିଦିନ ଏଭଳି ଉକ୍ତ ଔଷଧାଳୟକୁ ଅନ୍ୟୁନ ପାଞ୍ଚ ମିନିଟ ପାଇଁ ଆମେ ଯିବା । ଦେଖିବା, କିଛି ମାସ କିମ୍ବା ବର୍ଷରେ ଅନେକ ଡବାରେ ଔଷଧ ଭର୍ତ୍ତି ହେଇଯିବ । ହୁଏତ, ଆମେ ଏଥିରୁ କିଛି ଔଷଧକୁ ଫିଙ୍ଗି ନଷ୍ଟ କରିଦେବାକୁ ଗ୍ରହିଁବା । ଏପ୍ରକାର କାର୍ଯ୍ୟାଭ୍ୟାସ ଦ୍ୱାରା ଆମେ ଆମ ଅନ୍ତର୍ନିହିତ ଶକ୍ତିର ବିକାଶ କରି ଜୀବନକୁ ଅଧିକ ସୁସ୍ଥ, ସରସ, ସୁନ୍ଦର ଓ ସମୃଦ୍ଧ କରିପାରିବା।

ପ୍ରୟୋଗ - ୧୫

ଯୁବା ଦେଖାଯିବା ସକାଶେ ପ୍ରାକୃତିକ କସ୍ମେଟିକ୍ସ

ଏ ପ୍ରକାର ପଦ୍ଧତିକୁ ପ୍ରାୟ ସପ୍ତାହେ ଅନୁଶରଣ କରି ଦେଖନ୍ତୁ ନିଜର ରୂପ ସୌନ୍ଦର୍ଯ୍ୟ କିପରି ଭାବରେ ବୃଦ୍ଧି ପାଉଛି ।

କ. ହାଲିଆ ଲାଗିବା କ୍ଷଣି ଚଟାଣରେ ସିଧା ଗଡ଼ି ଯାଆନ୍ତୁ । ଦେହକୁ ଯେତେ ପାରୁଛନ୍ତି ସେତେ ଶକ୍ତ କରନ୍ତୁ । ଏପରି ଦିନକୁ ଦୁଇଥର କରନ୍ତୁ; ଆବଶ୍ୟକ ସ୍ଥଳେ କଡ଼ ଲେଉଟାଇ ପାରନ୍ତି ।

ଖ. ଆଖି ବୁଜି କଳ୍ପନା କରନ୍ତୁ ଯେ ସୂର୍ଯ୍ୟ ଆମ ମୁଣ୍ଡରେ ଥାଇ ଚ଼କ୍ ଚ଼କ୍ କରୁଛି । ଆକାଶ ମଧ୍ୟ ନୀଳ ହେଇ ଚକ୍ ଚକ୍ କରୁଛି । ପ୍ରକୃତିର ନିୟମ ଆମ ପୃଥିବୀରେ ଯଥାରୀତି ଚ଼ାଲୁଛି; ଜଣେ ସନ୍ତାନ ଭାବରେ ମୁଁ ଏହି ବିଶ୍ୱବ୍ରହ୍ମାଣ୍ଡ ପ୍ରତି ପ୍ରକୃତରେ ସଚେତନ । ପ୍ରାର୍ଥନା କଲେ ଆହୁରି ଭଲ ।

ଗ. ସମୟାଭାବରୁ ଆମେ ଚଉକିରେ ବସିବସି ମଧ୍ୟ ଏହା କରିପାବାରିବା । ଏଥିପାଇଁ ସିଧା ଓ ମଜବୁତ ଚଉକି ଦରକାର । ମୂର୍ତ୍ତି ଭଳି ସିଧା ବସିପଡ଼ି ହାତକୁ ଜଂଘରେ ଲଗେଇ ଏପ୍ରକାର ବ୍ୟାୟାମ କରାଯାଇପାରେ ।

ଘ. ଏଥର ଆସ୍ତେ ଆସ୍ତେ ପାଦର ଆଙ୍ଗୁଠିକୁ ଟାଣ କରି ଢ଼ିଲା ଛାଡ଼ିଦେବା । ଗୋଡ଼, ଜଂଘ, ପେଟ, ହାତ ସବୁର ମାଂସପେଶୀକୁ ପ୍ରଥମେ ଟାଣି ତା'ପରେ ଢ଼ିଲା ଛାଡ଼ିଦେବା । ଗଳା ବା ବେକକୁ ମୋଡ଼ି ମୁଣ୍ଡଟାକୁ ପେଣ୍ଡୁ ଭଳି ଗଡେଇ ଦେବା ଓ ମନେ ମନେ କହିବା, 'ଛାଡ, ତାକୁ' ।

ଙ. ଧୀର ଗତିରେ ଶ୍ୱାସ ଗ୍ରହଣ କରାଯାଉ ; ନାକରୁ ହିଁ ଅମ୍ଳଜାନ ଗ୍ରହଣ କରନ୍ତୁ । ଏହା ଆମ ସ୍ନାୟୁତନ୍ତ୍ରକୁ ଶାନ୍ତ କରିବାରେ ସହାୟକ !

ଚ. ମୁଖମଣ୍ଡଳରେ ଥିବା ଚର୍ମକୁ ନର୍ମାଲ୍ ଛାଡ଼ି ଦିଅନ୍ତୁ । ଏଥିରେ ଥିବା ରେଖାଗୁଡ଼ିକୁ ଲିଭେଇବାକୁ ଚେଷ୍ଟା କରନ୍ତୁ । ଏପରି ଅନ୍ୟୁନ ଦିନକୁ ଦୁଇ ଥର କଲେ ଆଉ ମାଲିସ୍ କରିବାକୁ ପଡ଼ିବ ନାହିଁ ।

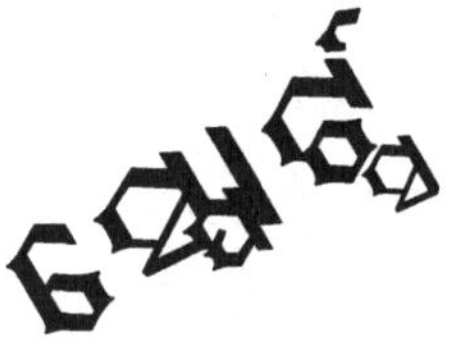

ପ୍ରୟୋଗ - ୧

ଖେଳରେ କୃତକାର୍ଯ୍ୟ ହେବାର ମେଣ୍ଟାଲ ସୁଭି

* ସିଧା ପଟା ଥିବା ଚଉକିରେ ବସିପଡନ୍ତୁ ଓ ନିଜ ମେରୁଦଣ୍ଡକୁ ସଳଖ ରଖନ୍ତୁ।
* ନିଜକୁ ପୃଥିବୀର ମାଧ୍ୟାକର୍ଷଣ ବଳ ଅଧୀନ କରି ଢ଼ିଲା ରଖନ୍ତୁ । ଚଉକିରେ ବସିଥିଲେ ଦେହରେ ଓଜନ ଓ ଚଟାଣରେ ବସିଥିଲେ ଗୋଡ଼ରେ ଓଜନ ଅନୁଭବ କରନ୍ତୁ ।
* ଏଥର ନିଜ ଶ୍ବାସକ୍ରିୟା ପ୍ରତି ଦୃଷ୍ଟି ଦିଅନ୍ତୁ । ମୁଣ୍ଡର ସ୍ନାୟୁତନ୍ତ୍ରକୁ ମଧ୍ୟ ଏଥିରେ ସାମିଲ କରନ୍ତୁ । ସତେକି ସେ ସମଗ୍ର ଶରୀରକୁ ଶିଥିଳ ହେବାକୁ ବାର୍ତ୍ତା ଦେଉଛି । ଏଥର ଗ୍ଳପ ଓ ଅଳସ ବା କ୍ଳାନ୍ତି ମେଣ୍ଟିଯିବ ଆସ୍ତେ ଆସ୍ତେ ।
* ମନେ ପକାନ୍ତୁ, ଗଲା ଦିନ କଥା ; ଆଜି, କାଲି, ପଅରଦିନ ମଧ୍ୟରେ କେଉଁ ଭଲ କାମ କଲେ । ଏପରି ତିନି ସପ୍ତାହ ତଳକୁ ମନେ ପକାନ୍ତୁ ।
* ଏଥର ତନ୍ମଧ୍ୟରୁ ଭଲ କାମକୁ ମନେ ମନେ ଚିତ୍ରିତ କରି ସେଥିରେ ଆଉ ଯେଉଁମାନେ ଥିଲେ ସେସମସ୍ତଙ୍କୁ ଚିହ୍ନନ୍ତୁ ।
* କୌଶଳ ପୂର୍ବକ ନିଜକୁ କେନ୍ଦ୍ରକରି ଦେଖନ୍ତୁ କିଭଳି ଭାବରେ ଏ କୌଶଳଟା ସ୍ୱାଭାବିକ ଭାବରେ ଆଗକୁ ଗଡ଼ିଗ୍ଲଲିଛି ।
* ପାଇଥିବା ଖୁସି ବା ଆନନ୍ଦକୁ ପୁଣିଥରେ ଅନୁଭବ କରନ୍ତୁ, ଯାହା ପାଇସାରିଛନ୍ତି । ଏଥର ସାଙ୍ଗସାଥୀ ଓ ସଂପର୍କୀୟମାନଙ୍କ କଥୋପକଥନକୁ ମନେମନେ ଚିନ୍ତା କରନ୍ତୁ ।
* ପୁଣିଥରେ ଶ୍ବାସକ୍ରିୟାକୁ ଦୃଷ୍ଟି ଦେଇ ବର୍ତ୍ତମାନ ସ୍ଥିତିକୁ ଫେରିଆସନ୍ତୁ । ପ୍ରତିଦିନ ମିନିଟେ ଦୁଇ ମିନିଟ ଯାଏଁ ପେଟପୂରା ନିଶ୍ୱାସ ମାରନ୍ତୁ ।
* ନିଜକୁ ବିଗତ ମ୍ୟାଚରେ ନେଇ ମନେମନେ ଠିଆ କରାନ୍ତୁ । ଅତୀତରେ କିଭଳି ପ୍ରଦର୍ଶନ କରିଥିଲେ, ସେକଥା ଅନୁଧ୍ୟାନ କରନ୍ତୁ ।
* ମନେମନେ ଭାବିଥିବା ସବୁତକ ଘଟଣା ସରିଲା ପରେ ମଧ୍ୟ କିଛି ସମୟ ଆହୁରି ଭାବନ୍ତୁ । ନିଜ କୃତୀତ୍ୱର ସ୍ୱାଭାବିକ ପରିଣାମ କଥା ଭାବନ୍ତୁ; ଯଥା : ମ୍ୟାଚ ଜିଣିବା, ପ୍ରଶଂସା ପାଇବା, କୋଚଙ୍କ ଦ୍ୱାରା ପିଠି ଥାପୁଡାଇବା, କିମ୍ବା ନିଜର କେହି ଜଣେ ବଧେଇ ଜଣେଇବା ଇତ୍ୟାଦି । ଏହା ପଛରେ ଯେଉଁ ବିଜ୍ଞାନ ଅଛି, ତାକୁ ଜାଣିବାକୁ ପରବର୍ତ୍ତୀ ପ୍ରୟୋଗ ପଢ଼ନ୍ତୁ ।

ପ୍ରୟୋଗ - ୨

ମେଣ୍ଟାଲ ମୁଭି ବିଜ୍ଞାନ

ସଚିନ ତେଣ୍ଡୁଲକର ଥରେ କହିଥିଲେ ;

"ପ୍ରତି ମ୍ୟାଚ ଖେଳିବା ପୂର୍ବରୁ ମୁଁ ମନେ ମନେ କଳ୍ପନା କରିଥାଏ ଯେ ମୁଁ ଶହେ ରନ୍ ବନେଇବି; ଆଜି ମଧ୍ୟ ମୁଁ ଏଇୟା ଭାବିଥିଲି । ମ୍ୟାଚ ପାଇଁ କରୁଥିବା ପୂର୍ବ ପ୍ରସ୍ତୁତି ମଧ୍ୟରୁ ଏହା ଅନ୍ୟତମ ଅଟେ ।"

ଥରେ ବକ୍ସିଂ ଲେଜେଣ୍ଡ ମହମ୍ମଦ ଅଲି କହିଥିଲେ :

"ଅଧିକାଂଶ ଗୁରୁତ୍ୱପୂର୍ଣ୍ଣ କାର୍ଯ୍ୟ 'ରିଂଗ' ମଧ୍ୟରେ ନୁହଁ ; ଆରାମ ଚେୟାରରେ ବସି କରାଯାଇଥାଏ ।"

ସେ ଆରାମ ଚେୟାରରେ ବସି ବିଶ୍ରାମ କରୁଥିବା ସମୟରେ ମନେମନେ ବକ୍ସିଂ କରିଥାନ୍ତି । ଅଲି଼ିକ ମେଡାଲ ପାଇଥିବା ମାଇକେଲ ଫେଲପ୍‌ସଙ୍କୁ ପଚରାଯାଇଥିଲା ଯେ, ନୂତନ ଉପଲବ୍‌ଧିବେଳେ ସେ କ'ଣ ଅନୁଭବ କରୁଛନ୍ତି ? ଉତ୍ତରରେ ସେ କହିଥିଲେ, "ମୁଁ ଯେଉଁ ଘଟଣାଟିକୁ ହଜାରେ ଥର ମନେମନେ ଦେଖିଥିଲି ଓ ଅନୁଭବ କରିଥିଲି, ଏହା ତ କେବଳ ତା'ରି 'ରି-ପ୍ଲେ' ମାତ୍ର । ମୁଁ ଏହି ଉପଲବ୍‌ଧିଟିକୁ ବର୍ଷବର୍ଷ ହେଲା ମେଣ୍ଟାଲ ମୁଭିରେ ଦେଖି ଆସୁଛି ।"

ଏପରି ଏକ ପ୍ରଦର୍ଶନକୁ ନେଇ କଳ୍ପନା କରାଯାଉ : ଯେଉଁଥିରେ ଆଦୌ ଭୁଲ୍ ନଥିବା ଉତ୍ତମ ଖେଳାଳିମାନେ ଜାଣନ୍ତି ଯେ ସନ୍ଦେହ ଉତ୍ପନ୍ନ କରୁଥିବା ଛବିଗୁଡ଼ିକୁ କିପରି ରୋକାଯିବ । ଯଦି ତାଙ୍କ ମନ ମସ୍ତିଷ୍କରେ ସନ୍ଦେହାସ୍ପଦ ଚିତ୍ରାଙ୍କିତ ହେଉଛି, ତା'ହେଲେ ତାକୁ ସେମାନେ ହଠାତ୍ କୃତିତ୍ୱର ଚିତ୍ରରେ ରୂପାନ୍ତରିତ କରିଦିଅନ୍ତି ।

ସଂପୂର୍ଣ୍ଣ ବିଜୟଟା ଏହାରି ଉପରେ ନିର୍ଭରଶୀଳ ଯେ ଆମେ କେତେ ପରିମାଣରେ ମାନସିକ ପୂର୍ବପ୍ରସ୍ତୁତି କରିଛେ । ଏହି କୌଶଳରେ ଦକ୍ଷ ଖେଳାଳିମାନେ ହିଁ ବିସ୍ତୃତ ଭାବରେ ମାନସିକ ପ୍ରୟୋଗ କରିଥାନ୍ତି । ତାଙ୍କର ସବୁଠୁ ଗୁରୁତ୍ୱପୂର୍ଣ୍ଣ ଉଦ୍ଦେଶ୍ୟ ହେଲା 'ଜୟଯୁକ୍ତ'କୁ ନେଇ ପୂର୍ବାଭ୍ୟାସ କରିବା; ଏତଦ୍ୱାରା ଜିଣିବା ସହଜ, ସରଳ ହେଇଥାଏ ।

କୃତୀ ପ୍ରତିଦ୍ୱନ୍ଦ୍ୱୀମାନେ ନିଜର 'ଜୟ'କୁ ନେଇ ଆଶ୍ୱସ୍ତ ଓ ଭାବ-ପ୍ରବଣତାର ସହିତ ଜଡ଼ିତ ଥା'ନ୍ତି ଓ ଏଥିରେ ପିତାମାଙ୍କ ପ୍ରତିକ୍ରିୟା, ପଦକ, ମ୍ୟାଚ ପରେ ହେଉଥିବା ଉତ୍ସବ ଆଦିର ରିହର୍ସଲ (ପୂର୍ବାଭ୍ୟାସ) କରିଥାନ୍ତି । ସେମାନେ ମନେମନେ ଭାବନ୍ତି ଯେ ଦର୍ଶକମାନେ ତାଙ୍କରି ପ୍ରଶଂସାରେ କରତାଳି ଦେଉଛନ୍ତି । ତତ୍ ସଂଗେ ସଂଗେ ନିର୍ଦ୍ଦିଷ୍ଟ ସମୟ ଓ ସ୍ଥାନକୁ ଯେଉଁ ଖେଳାଳିମାନେ ଅଧିକ ଗୁରୁତ୍ୱ ଦିଅନ୍ତି ; ସେମାନେ ହିଁ ସେତେ ପରିମାଣରେ ସଫଳତା ଅର୍ଜନ କରିଥାନ୍ତି । ପ୍ରଦର୍ଶନକୁ ନେଇ ଚିତ୍ରଣ ତଥା ମାନସିକ ପୂର୍ବାଭ୍ୟାସ ବଳରେ ବାସ୍ତବିକ ପ୍ରଦର୍ଶନ ମଧ୍ୟ ସୁଧୁରିଥାଏ । ଆସନ୍ତା ପ୍ରଦର୍ଶନ ପାଇଁ ମସ୍ତିଷ୍କ ଆଗରୁ ତା'ର ରାସ୍ତା ବାଛିଥାଏ । କୌଣସି ବିଶେଷ କାମକୁ କରିବା କିମ୍ବା ତା' ବିଷୟରେ ଭାବିବା ମଧ୍ୟରେ ବେଶି କିଛି ପାର୍ଥକ୍ୟ ନଥାଏ । ମେଣ୍ଟାଲ ରିହର୍ସଲରେ ମଧ୍ୟ ଟ୍ରେଞ୍ଚ ସାଂଗକୁ ସେଇୟା ହେଇଥାଏ, ଯାହା ଶାରୀରିକ ପ୍ରାକ୍ଟିସ ବା ପ୍ରାକ୍ଟିକାଲରେ ହୁଏ । ଆମର ସ୍ନାୟୁତନ୍ତ୍ର ତଥା ମାଂସପେଶୀଗୁଡିକ ମଧ୍ୟ ବାରମ୍ବାର ଅଭ୍ୟାସ ବଳରେ ସେହିପରି ରାସ୍ତା (Path Way) ନିର୍ମିତ କରିଦିଅନ୍ତି ।

ଅବଶ୍ୟ ମେଣ୍ଟାଲ ଆଉ ଫିଜିକାଲ ପ୍ରାକ୍ଟିସ ମଧ୍ୟରେ ସାମାନ୍ୟ ପ୍ରଭେଦ ଥାଏ ;

୧. ଶାରୀରିକ ପ୍ରାକ୍ଟିସ୍‌ରେ ଆମେ କ୍ଳାନ୍ତି ଅନୁଭବ କରୁ ; ଯଦ୍ଦ୍ୱାରା ଆମ ଟ୍ରେଞ୍ଚରେ ଇଲେକ୍ଟ୍ରିକାଲ ଇଣ୍ଟରଫିଅରେନ୍ସ (ବୈଦ୍ୟୁତିକ ବାଧା) ଆଉ ବ୍ଲକେଜ ଆସିଥାଏ । କିନ୍ତୁ ମାନସିକ ରିହର୍ସଲରେ ଏମିତି କିଛି ଘଟେନା । ଯେତେ ଅଭ୍ୟାସ କଲେ ମଧ୍ୟ କୌଣସି ବାଧା ସୃଷ୍ଟି ହୁଏନା ।

୨. ଫିଜିକାଲ ପ୍ରାକ୍ଟିସ ତୁଳନାରେ ମେଣ୍ଟାଲ ପ୍ରାକ୍ଟିସରେ ତିଆରି ନ୍ୟୁରୋ ମସ୍କୁଲାର ପେଟର୍ଣ୍ଣ ସାମାନ୍ୟ କିଛି ଛୋଟ ହେଇଥାଏ । ଅବଶ୍ୟ ଉଭୟ ପ୍ରାକ୍ଟିସ୍‌ରୁ ଏକାଭଳି ମାଂସପେଶୀୟ ପେଟର୍ଣ୍ଣ ଗଢ଼ି ହେଇଥାଏ । କାଳ୍ପନିକ ପ୍ରଦର୍ଶନର ମେଗ୍‌ନିଚ୍ୟୁଡ୍ ଶାରୀରିକ ଅଭ୍ୟାସ ସାଂଗକୁ ମାନସିକ ଅଭ୍ୟାସ ଅବ୍ୟାହତ ରହିଲେ କୃତିତ୍ୱର ସମ୍ଭାବନା ଅନେକ ଗୁଣ ବଢ଼ିଯାଏ ।

ପ୍ରୟୋଗ - ୩

ପର୍ସନାଲ ରିଫ୍ୟୁଲିଂ ଜୋନ୍ କିପରି ଗଢ଼ିବା ?

'କମଳାକୁ ନେଇ ପ୍ରୟୋଗ' ଆଉ ଅନ୍ୟ ଧରଣର ପ୍ରୟୋଗ କଲାପରେ ଆମେ ଜାଣିସାରିଛେ ଯେ, ଭାବନା ବଳରେ ଆମେ ଆମ ଦେହରେ 'ବାୟୋ କେମେଷ୍ଟ୍ରି' ପରିବର୍ତ୍ତନ କରିପାରିବା । ଏହି ପଦ୍ଧତି ଅନଯାୟୀ ଆମେ ଆମର 'ପର୍ସନାଲ ରିଫ୍ୟୁଲିଂ ଜୋନ' ମଧ୍ୟ ତିଆରି କରିପାରିବା ।

ପ୍ରଥମ ସୋପାନ : ଆରାମରେ ବସି ଶ୍ୱାସକ୍ରିୟାପ୍ରତି ଦୃଷ୍ଟିଦେଇ 'ରିଲେକ୍ସ' ହେବା ।

ଦ୍ୱିତୀୟ ସୋପାନ : ମନେମନେ ଆଖି ସାମନାରେ ଏକନୀଳ ରଙ୍ଗର ବୃତ୍ତ ତିଆରି କରିବା ।

ତୃତୀୟ ସୋପାନ : ସେହି ବୃତ୍ତ ମଧ୍ୟରେ ଆମେ ଆମ ତାଲିମକୁ ଉପଯୁକ୍ତ ବା ଶ୍ରେଷ୍ଠ ଭାବରେ ହେବାକୁ ହେଲେ ଆବଶ୍ୟକୀୟ ଉପକରଣ (ଯଥା : ଷ୍ଟେମିନା, ଶକ୍ତି ବା ବଳ, ଆତ୍ମବିଶ୍ୱାସ, ଲୋଭ ଓ ଲାଳସା ଆଦିକୁ) ନୀଳବର୍ଣ୍ଣର ତରଳ ଜାଲେଣି ପଦାର୍ଥ ଭାବରେ ରଖିବା ।

ଚତୁର୍ଥ ସୋପାନ : ମନେମନେ ସେହି ବୃତ୍ତ ମଧ୍ୟରେ ପ୍ରବେଶ କରି ଦେଖିବା ଯେ ତନ୍ମଧ୍ୟରୁ ଆବଶ୍ୟକୀୟ ସବୁତକ ଉପାଦାନ ଆସି ଆମ ଶରୀର ମଧ୍ୟରେ ଆପେ ଆପେ ମିଳେଇ ଯାଉଛି ।

ପଞ୍ଚମ ସୋପାନ : ମନେମନେ ଏଥର ଉକ୍ତ ବୃତ୍ତମଧ୍ୟରୁ ବାହାରି ପଡ଼ିବା ।

ଷଷ୍ଠ ସୋପାନ : ଯେ କୌଣସି କାର୍ଯ୍ୟକ୍ରମର ଶୁଭାରମ୍ଭଠାରୁ ପରିସମାପ୍ତି ଯାଏଁ ନିଜ କଳ୍ପନା ଶକ୍ତି ବଳରେ ଏଭଳି ଚିତ୍ରାଙ୍କନ କରିବା ସତେକି ଆମ ଶୁଭକାଂକ୍ଷୀମାନେ ଆସି ଆମକୁ ଶୁଭେଚ୍ଛା ବାର୍ତ୍ତା ଦେଉଛନ୍ତି ।

ଏହା ଏକ ଶକ୍ତିଶାଳୀ ମେଥଡ଼ ଅଟେ । ଏହାକୁ ବାସ୍ତବିକ ପ୍ରଦର୍ଶନ (ପାରଫର୍ମେନ୍ସ)ର ଘଣ୍ଟେ ଆଗରୁ କରାଗଲେ ଅଦ୍‌ଭୁତ (ଅଦ୍ଭୁତ) ଭାବରେ କାର୍ଯ୍ୟ କରିଥାଏ ।

ପ୍ରୟୋଗ - ୪

ଆତ୍ମବିଶ୍ୱାସ ବୃଦ୍ଧିର କୌଶଳ : ସେଲ୍ଫ୍ ଟକ୍

ପ୍ରତ୍ୟେକ ଖେଳାଳି ନିଜ ଅନ୍ତର୍ନିହିତ ପ୍ରତିଭାକୁ ବିକଶିତ କରିବା ପାଇଁ ଖୁବ୍ ଅଭ୍ୟାସ କରିଥାଏ ; କିନ୍ତୁ ତା'ର ଆତ୍ମବିଶ୍ୱାସକୁ ଦୃଢ଼ କରିବା ସକାଶେ କୌଣସି ପଦକ୍ଷେପ ବା ଚେଷ୍ଟା କରାଯାଇନଥାଏ ଯେ ସେ ଉଚ୍ଚମାନର ପ୍ରଦର୍ଶନ କରିପାରିବ । ଏହା କିପରି ସମ୍ଭବ ?

ପ୍ରମାଦ, ଅକୃତକାର୍ଯ୍ୟ ବା ନକାରାତ୍ମକ ଅନୁଭୂତି ଉପରେ ଆଲୋକପାତର ଅଭ୍ୟାସରେ ପରିବର୍ତ୍ତନ ଆଣିବାକୁ ହେବ । ଖେଳାଳିମାନଙ୍କ ପରି ତାଙ୍କ ମା'ବାପା ତଥା କୋଚମାନେ ମଧ୍ୟ ହେଇଥିବା ଭୁଲ୍‌କୁ ନେଇ ପ୍ରମାଦ ଗଣିଥାନ୍ତି । ସେମାନେ ଏକଥା ଆଦୌ ଚିନ୍ତା କରନ୍ତିନି ଯେ, ଏହାଦ୍ୱାରା ଆମ 'ନିଜସ୍ୱ ବ୍ୟକ୍ତିତ୍ୱ' (ସେଲ୍ଫ ଇମେଜ) ନଷ୍ଟ ହେବ ଓ ଆମେ ପୁଣିଥରେ ଅକୃତକାର୍ଯ୍ୟ ହେବା । ବାରମ୍ବାର ଏଭଳି ନକାରାତ୍ମକ କଥା ଚିନ୍ତା କରିବା ଦ୍ୱାରା ଆମ ଅନ୍ତର୍ନିହିତ ଶକ୍ତି ନିକଟକୁ ଭୁଲ୍ ବାର୍ତ୍ତା ପହଞ୍ଚିବ ଯେ ଏଭଳି କଦର୍ଯ୍ୟ ପ୍ରଦର୍ଶନର ପୁନରାବୃତ୍ତି ଘଟୁଛି ।

ପ୍ରତ୍ୟେକଙ୍କ ସ୍ମୃତିଶକ୍ତିରେ ଉଭୟ ଭଲ ଓ ମନ୍ଦ ଅନୁଭୂତି ଗଚ୍ଛିତ ହେଇଥାଏ । ଏଣୁ ସେଲଫ୍ ଟକ୍ ଅର୍ଥାତ୍ ନିଜେ ନିଜ ସହ କଥା ହେଇ ଭଲ ଭଲ ଅନୁଭୂତିଗୁଡ଼ିକୁ ଏକତ୍ରିତ କରିପାରିବା । ଏପରି ସମ୍ଭବ ହେଲେ ଆଗାମୀ ପ୍ରଦର୍ଶନ ହେତୁ ଏହା ଆମ ପରମ ସହାୟକ ହେବ ; ଏଥିରେ ସନ୍ଦେହର ଅବକାଶ ନାହିଁ ।

ପ୍ରୟୋଗ - ୫

ଏକ୍ସିଲେନ୍ସ ଡାଏରୀ

ଏକ୍ସିଲେନ୍ସ ଡାଏରୀକୁ ଖୋଲା କାଗଜରେ ଲେଖି ଫାଇଲଟିଏ କରିବା । ଏହା ଏକ ନିର୍ଭରଯୋଗ୍ୟ 'ସେଲ୍‌ଫଷ୍ଟାର୍ଟର' ଭଳି କାମ କରିବ । ଉକ୍ତ ଡାଏରୀରେ ତିନି ଭାଗ ହେବା ଦରକାର :

* **ପ୍ରଥମ ଭାଗ ଅତୀତ ଆଧାରିତ ହେବା ଦରକାର :-** ଏଥିରେ ଏକଥା ଲିପିବଦ୍ଧ କରନ୍ତୁ ଯେ ସବୁଠୁ ଉତ୍ତମ ପ୍ରଦର୍ଶନ କ'ଣ କ'ଣ ଥିଲା ।
* **ଦ୍ୱିତୀୟ ଭାଗ ଖୋଲା ପୃଷ୍ଠା ହେବା ଆବଶ୍ୟକ :-** ଆମେ ପ୍ରତିଦିନ କିଛି ନା କିଛି ଅଭ୍ୟାସ କରିଥାଉ ଓ ମ୍ୟାଚ ଖେଳୁ । ଯେତେବେଳେ ଆମେ କୌଣସି ଏକ ବିଶେଷ ଅନୁଭୂତି ପାଇ ଖୁସି ହେଉ କିମ୍ବା ଭଲକଥା ଚିନ୍ତାକରୁ ସେକଥାକୁ ଆମେ ନିଜ 'ଏକ୍ସିଲେନ୍ସ ଡାଏରୀ' ରେ ଲିପିବଦ୍ଧ କରିପାରିବା । ଏହା ପଛରେ ଥିବା ତଥ୍ୟକୁ ଜାଣିବା ପାଇଁ ଆଗାମୀ ପ୍ରୟୋଗ ପଢ଼ିବା।
* **ତୃତୀୟ ଭାଗଟା ଆମ ଲକ୍ଷ୍ୟ କଥା ହେବ :-** ନିଜ କ୍ୟାରିୟରର ଲକ୍ଷ୍ୟ ବା ଉଦ୍ଦେଶ୍ୟକୁ ସ୍ପଷ୍ଟ ଲେଖିବା । ସର୍ଟଟର୍ମ ଲକ୍ଷ୍ୟ ମଧ୍ୟ ସ୍ପଷ୍ଟ ହେବା ଦରକାର । ଏହି ଲକ୍ଷ୍ୟପାଇଁ ନିଜସ୍ୱ (କମିଟମେଣ୍ଟ) କଥା ଲେଖିବା । ଏହା ପାଇଁ ଆମେ କି କି ଯୋଜନା କଲେ କିମ୍ବା ଆହୁରି କିଛି । ଏପରି ତୃତୀୟ ଭାଗଟା ଲେଖାହେଲାବେଳେ ଆମ ଭବିଷ୍ୟତ ଜୀବନକୁ ଏକ ପ୍ରକାର ସଂଜ୍ଞା ମିଳିଥାଏ ।

ପ୍ରୟୋଗ - ୬

ଖେଳ ପାଇଁ ଏକାଗ୍ରତା ପଦ୍ଧତି

ଅଭ୍ୟାସ ପାଇଁ :-

ପ୍ରଥମ ସୋପାନ :- ଚଉକିରେ ବସି, ୧୫ ସେକେଣ୍ଡ ଯାଏଁ ଆଖି ମିଟିକା ନମାରି ଏକଲୟରେ ଏହି କଳା ବିନ୍ଦୁକୁ ଦେଖିବା ।

ଦ୍ୱିତୀୟ ସୋପାନ :- ଏହାପରେ ଆଖିକୁ ପ୍ରାୟ ୨୦ଥର ବନ୍ଦକରି ଖୋଲିବା । ଏପରି ଚାରିଥର କରିବା ।

ତୃତୀୟ ସୋପାନ :- ଆସ୍ତେ ଆସ୍ତେ ଆମ ଦେଖିବା ସମୟକୁ ୨୦-୨୫-୩୦ ସେକେଣ୍ଡ ଯାଏଁ ବଢ଼େଇବା । ୩୦ ସେକେଣ୍ଡ ପର୍ଯ୍ୟନ୍ତ ଶୀଘ୍ରତା କରିବାନି । ଏଥିପାଇଁ ମାସେ ଲାଗୁ ବା ଦୁଇମାସ । ଆସ୍ତେ ଆସ୍ତେ ଦୁଇ ମାସ ମଧ୍ୟରେ ୫୦ ସେକେଣ୍ଡରୁ ୧୦ ସେକେଣ୍ଡକୁ ଚାଲିଆସିବା । ଦେଖିବା ଆମେ ସନ୍ତୋଷ ନା ନୁହଁ ।

ଆମେ କଳା ବିନ୍ଦୁକୁ ଚାହିଁଲାବେଳେ ହୁଏତ ଏହାର ରଙ୍ଗ ଫିକା ପଡ଼ିପାରେ କିମ୍ବା ଆଲୋକିତ ଦେଖାଯାଏ । ଏପରି ହେଲେ ମଧ୍ୟ ଚିନ୍ତାକରିବା ନାହିଁ ।

ଆମ କାମ ହେଲା ଏକଲୟରେ ଦେଖିବା । ବିଶ୍ରାମ ପାଇଁ ଗଲାବେଳ ଆମ ମନରେ ଅନେକ ଭାବନା ସୃଷ୍ଟି ହେବ । ଏସବୁକୁ ଆମେ ଦୂରେଇ ଦେବାକୁ ହେବ । ସେସବୁ ଦୁର୍ବଳ ହେଇ ଉଭେଇଯିବେ । ଏହା ହିଁ ଆମ ପ୍ରଗତିର ସୂଚକ।

ମନରେ ଭାବାନ୍ତର ସୃଷ୍ଟି ହେଲେ ଶ୍ୱାସକ୍ରିୟା ପ୍ରତି ଦୃଷ୍ଟି ଦେବା । ଏହା ହିଁ ଏକାଗ୍ରତାର ପ୍ରକୃଷ୍ଟ ଉପାୟ ।

ପ୍ରୟୋଗ - ୭

ଯେ କୌଣସି ଲକ୍ଷ୍ୟ ପ୍ରାପ୍ତି ପାଇଁ 'ବ୍ରୁସଲି ମେଥଡ୍'

୦୯ ଜାନୁୟାରୀ, ୧୯୭୦ ମସିହାରେ ବ୍ରୁସଲି ନିଜ ନାମରେ ଚିଠିଟିଏ ଲେଖିଥିଲେ -

'ଦ ସିକ୍ରିଟ ଲେଟର ଟୁ ମାଇସେଲ୍‌ଫ' । ସେଥିରେ ସେ ଆଗାମୀ ଦଶବର୍ଷର ଇଚ୍ଛା ଓ ଆକାଂକ୍ଷା କଥା ଲେଖିଥିଲେ । ସେ ୧୯୮୦ ମସିହା ବେଳକୁ ଜଣେ ଲୋକପ୍ରିୟ ଓ କୃତୀ ଅଭିନେତା ହେବେ । ସେ ସବୁବେଳେ ସେହି ଚିଠିକୁ ନିଜ ପକେଟରେ ରଖୁଥିଲେ । ୧୯୭୩ ମସିହାରେ ତାଙ୍କ 'ଏଣ୍ଟର ଦ ଡ୍ରେଗନ' ଫିଲ୍ମ ରିଲିଜ ହେବା ପରେ ତାଙ୍କ ନାଁଟା ସର୍ବାଧିକ ପାରିଶ୍ରମିକ ପାଉଥିବା ଅଭିନେତାଙ୍କ ତାଲିକାରେ ସାମିଲ ହେଇଗଲା ।

ହଲିଉଡ୍ ସକାଶେ ଉକ୍ତ ଚିଠିଟି କୌଣସି ଏକ ଖଜଣାଠୁ କମ ଥିଲା କି !

ଏହା ତାଙ୍କ ନିଜେ ନିଜକୁ ଲକ୍ଷ୍ୟପ୍ରାପ୍ତିପାଇଁ ସଚେତନ କରିବାର ଏକ କୌଶଳ ଥିଲା । ପକେଟରେ ହାତ ମାରିଲା କ୍ଷଣି, ଚିଠିଟିର ସ୍ପର୍ଶ ତାଙ୍କ ଲକ୍ଷ୍ୟ କଥା ଚେତେଇ ଦେଉଥିଲା ।

ଦିନକୁ ଆମେ କେତେଥର ନିଜ ଲକ୍ଷ୍ୟ ବା ଉଦ୍ଦେଶ୍ୟ କଥା କଳ୍ପନା କରୁ ? ସେକଥା ଭାବୁ, ସେପରି ସୁଯୋଗ ଖୋଜୁ ; ଯାହା ଆମକୁ ଆମ ଲକ୍ଷ୍ୟସ୍ଥଳ ପର୍ଯ୍ୟନ୍ତ ନେଇଯିବ ? !

ପ୍ରୟୋଗ - ୮

ମୁଁ 'ପୁସ୍-ଅପ'ର ୱାର୍ଲ୍ଡ ରେକର୍ଡ କିପରି ଭାଙ୍ଗିଲି ?

୭ ଏପ୍ରିଲ, ୨୦୦୭ ମସିହାରେ ଲି-ମେରିଡିଏନ୍ (ଦିଲ୍ଲୀ)ଠାରେ ମୁଁ ନେସ୍‌ନାଲ ପ୍ରିଣ୍ଟ ଓ ଇଲେକ୍ଟ୍ରୋନିକ ମିଡ଼ିଆ ସମକ୍ଷରେ ଏକ ମିନିଟ ମଧ୍ୟରେ ୧୯୮ ଥର 'ପୁସ-ଅପ' କରି ବିଶ୍ୱରେକର୍ଡ ଭାଙ୍ଗିଲି । ଏହା ପୂର୍ବରୁ କାନାଡ଼ାର ରାୟ ବର୍ଜରଙ୍କ ରେକର୍ଡ଼ ୧୩୮ ଥିଲା ।

ଜନ୍ମବେଳେ ମୋ ହାର୍ଟରେ ଏକ ଛିଦ୍ର ଥିଲା । ଚ୍ରିବର୍ଷ ବୟସ ବେଳେ ମୋ ହାର୍ଟର ଅପରେସନ ହେଲା; କିନ୍ତୁ ଡାକ୍ତର ମୋ ବାପାଙ୍କୁ ସତର୍କ ରହିବା ପାଇଁ ସୂଚେଇ ଦେଇଥିଲେ । ମତେ କୌଣସି ଶାରୀରିକ ଶ୍ରମ କରିବାକୁ ମନା କରାଯାଇଥିଲା । ହୁଏତ ଚ୍ରପ ପଡ଼ିଲେ ଅସୁବିଧା ହେବ । ଏଣୁ ସ୍କୁଲ ଜୀବନରେ ମଧ୍ୟ ସ୍ୱତନ୍ତ୍ର ଦୃଷ୍ଟି ଦିଆଗଲା । ମୁଁ କୌଣସି ଶ୍ରମ କରୁ ନଥିଲି କହିଲେ ଚଳେ । କିନ୍ତୁ ଜଣେ ମାଇଣ୍ଡ ଟ୍ରେନ୍‌ର ଭାବରେ ମୁଁ କହିପାରିବି ଯେ ଆମ ଆତ୍ମବିଶ୍ୱାସରେ ହିଁ ଶରୀରର ବାଏଲୋଜି ପରିବର୍ତ୍ତନ କରିବାର ସାମର୍ଥ୍ୟ ରହିଛି । ଯେ କୌଣସି ଶାରୀରିକ କୌଶଳକୁ ମାନସିକ ପୂର୍ବାଭ୍ୟାସ ବଳରେ ଆମେ ନ୍ୟୁରୋ ସିଷ୍ଟମର ପୁନର୍ଗଠନ କରିପାରିବା । ଏହା ଶାରୀରିକ କୌଶଳରେ 'ପରଫେକ୍ସନ' ଆଣି ଦେଇଥାଏ ।

ଅତଏବ ମୁଁ ନିମ୍ନସ୍ଥ ତିନି ସୋପାନ ଦେଇ ୬ମାସ ମଧ୍ୟରେ ନିଜକୁ ପ୍ରଶିକ୍ଷିତ କଲି।

ପ୍ରଥମ ସୋପାନ : ଦୈନିକ ଶାରୀରିକ ଅଭ୍ୟାସ - ମୁଁ ପ୍ରତିଦିନ ଅଭ୍ୟାସ ବଳରେ ୨୦୦ ରୁ ୪୦୦ ଥର ପୁସଅପ୍ କଲି । ସକାଳେ ଘଣ୍ଟାଏ ବ୍ୟତୀତ ସୁବିଧା ଦେଖି ୧୫୦୦ ରୁ ୨୦୦୦ ଥର ପୁସ୍‌ଅପ୍ କଲି ।

ଦ୍ୱିତୀୟ ସୋପାନ : ସାକାରାତ୍ମକ ରିହର୍ସଲ - ମୁଁ ମୋର ଆତ୍ମବିଶ୍ୱାସ ଦୃଢ଼ୀଭୂତ କଲି ଯେ ମୁଁ ହିଁ ବିଶ୍ୱରେକର୍ଡ ଭାଙ୍ଗିବି ଆଉ ଦିନସାରା ଏକଥାକୁ ନେଇ ଭାବୁଥିଲି ।

ତୃତୀୟ ସୋପାନ : ମାନସିକ ରିହର୍ସଲ - ମିନିଟକୁ ୧୯୮ଥର ପୁସ୍‌ଅପ୍‌ର ଅର୍ଥ ହେଉଛି ସେକେଣ୍ଡକୁ ୪ଥର । ବାସ୍ତବରେ ଏହା ଅସମ୍ଭବ ମନେହୁଏ; କିନ୍ତୁ ଆପଣ ଜାଣନ୍ତି କଳ୍ପନା ବଳରେ ସବୁକିଛି ସମ୍ଭବ ହେଇପାରେ ।

ମୁଁ ଦିନକୁ ଅନେକଥର (ଭିଜୁଏଲାଇଜ) କଳ୍ପନା କଲି । ମିନିଟକୁ ୧୫୦ରୁ ୨୦୦ ଥର ପୁସ୍-ଅପ୍ କରିବି । ନିଜ ସ୍ୱପ୍ନକୁ ସାକାର କଲି । ସାଧାରଣତଃ ଖେଳାଳିମାନେ ଏହି ତୃତୀୟ ସୋପାନକୁ ଗୁରୁତ୍ୱ ଦିଅନ୍ତି ନାହିଁ ; କିନ୍ତୁ ଏହା ଏକ ସଶକ୍ତ ସୋପାନ ବୋଲି ପୃଥିବୀର ସର୍ବୋତ୍ତମ ଖେଳାଳିମାନେ ମତବ୍ୟକ୍ତ କରନ୍ତି।

ଶାଣିତ ଧାଡ଼ାରି

ପ୍ରୟୋଗ - ୧

ହ୍ୟୁମେନ ଏଣ୍ଟିନା (Human Entina)

ବର୍ତ୍ତମାନ ମୁଁ ମୋ ପିଲାଦିନର ଘଟଣାଟିଏ ଆପଣଙ୍କୁ କହିବି । ଯେଉଁମାନେ ୧୯୮୦ କିମ୍ବା ପୂର୍ବରୁ ଜନ୍ମ ହେଇଛନ୍ତି , ସେମାନେ ଏକଥାକୁ ଭଲ ଭାବରେ ବୁଝି ପାରିବେ । ମୁଁ ଆଉ ମୋ ଭାଇ ଅଧିକାଂଶ ସମୟରେ ଟିଭି ଦେଖୁଥିଲୁ । ବେଳେ ବେଳେ ଟିଭିରେ ଚିତ୍ର ଅସ୍ପଷ୍ଟ ହେଲେ ମୋ ଭାଇ ଛାତ ଉପରେ ଗଢ଼ି ଏଣ୍ଟିନାକୁ ଏପଟ ସେପଟ କରୁଥିଲା । ଯଦ୍ୱାରା ଚିତ୍ର ସ୍ପଷ୍ଟ ଦିଶୁଥିଲା । ଥରେ ମୋ ଭାଇ କ'ଣ କଲାନା ଏଣ୍ଟିନାରେ ଲାଗିଥିବା ସ୍କ୍ରୁଟାକୁ ଖୋଲି ଦେଲା । (ଯେଉଁଠାରେ କି ତାରଟା ଯୋଡ଼ିଥାଏ) ଆଉ ସେଠାରେ ନିଜ ଆଙ୍ଗୁଠି ରଖିଦେଲା । ଦେଖାଗଲା ଏଥର ଟିଭିରେ ଚିତ୍ରଟା ସ୍ପଷ୍ଟ ଓ ସ୍ୱର ମଧ୍ୟ ଠିକ୍ ଶୁଭାଗଲା । କୁହାଯାଏ, ଆମ ମଣିଷ ଦେହ ମଧ୍ୟ ଏଣ୍ଟିନା ଭଳି କାମ କରିଥାଏ । ତା'ପରେ ସେ ରେଡିଓକୁ ନେଇ ଏ ପ୍ରକାର ପ୍ରୟୋଗ କରିଥିଲା । ଏପରି ଅଦୃଶ୍ୟ ରିସିଭର ହେଇପାରେ ମଣିଷ !

ଅନେକ ସମୟରେ ଦେଖାଯାଇଛି ଯେ ମାନବ ଶରୀର ଏଣ୍ଟିନା ଭଳି କାମ କରି ଇଲେକ୍ଟ୍ରୋମେଗ୍ନେଟିକ ତରଙ୍ଗ ସବୁକୁ ନିଜ ଆଡକୁ ଟାଣିଥାଏ । ନିଜ ଦାନ୍ତରେ ମେଟାଲ ଫିଲିଂ କରିଥିବା କିମ୍ବା ଧାତୁ ଦାନ୍ତ ଲଗେଇଥିବା ବ୍ୟକ୍ତି ଯଦି ରେଡିଓ ଷ୍ଟେସନ ପାଖକୁ ଯାଏ, ତେବେ ସେ କେନ୍ଦ୍ରରୁ ପ୍ରସାରିତ ଗୀତ ସଂଗୀତ କିମ୍ବା ସମ୍ବାଦ ଶୁଣିପାରେ ।

ବୈଜ୍ଞାନିକ ମାନେ ମତ ପୋଷଣ କରିଛନ୍ତି ଯେ ଅନୁକୂଳ ପରିସ୍ଥିତି ହେଲେ ଜଣେ ମଣିଷର ପାଟି (ରିସିଭର ସର୍କିଟ)ର କାମ କରିପାରେ । ଧାତୁ ନିର୍ମିତ ଦାନ୍ତ, ଲାଳ (Saliva) ସହ ମିଶି ସେମି କଣ୍ଡକ୍ଟର ଭାବରେ ଅଡିଓ ସିଗ୍ନାଲ ଚିହ୍ନିପାରେ । ଠିକ୍ ଏହି ଭଳି ତା'ମସ୍ତିଷ୍କ ମଧ୍ୟ ଏଣ୍ଟିନା ଭଳି କାମ କରିଥାଏ ; ତଥା ବିଭିନ୍ନ ମତାମତ, ଜ୍ଞାନ କୌଶଳକୁ ଟାଣିବାରେ ସକ୍ଷମ ହେଇ ବଡ଼ ବଡ଼ ଆବିଷ୍କାର ତଥା ଉଦ୍‌ଭାବନର ରହସ୍ୟ ଜାଣିଥାଏ ।

ପ୍ରୟୋଗ - ୨

ଆଇଡିଆ ବିଜ୍ଞାନ

ଆଇନଷ୍ଟାଇନ୍ ଏକଦା କହିଥିଲେ, "ମତାମତଟା ଈଶ୍ୱରଙ୍କ ଦ୍ୱାରା ସୃଷ୍ଟ ହୁଏ ।" ଏହାକୁ ବୁଝିବାକୁ ହେଲେ ନିମ୍ନ ତଥ୍ୟକୁ ଦୃଷ୍ଟି ଦେବା-

ଫେକ୍ଟ-୧ : ଇଂରାଜୀ ବୈଜ୍ଞାନିକ ଆଇଜାକ ନ୍ୟୁଟନ ଆଉ ଜର୍ମାନୀର ଗଣିତଜ୍ଞ ଗଟ ଫ୍ରାଇଡ ଡବ୍ଲ୍ୟୁ ଲିବନିଜ ପ୍ରଥମେ ଏକା-ଏକା ଗବେଷଣା କରୁଥିଲେ । ପରେ ଦୁହେଁ ଏକତ୍ର ଗଣିତର ଶାଖା 'କେଲକୁଲସ' ବାହାର କଲେ ।

ଫେକ୍ଟ-୨ : ଥମ୍‌ସ ଆଲ୍‌ଭା ଏଡିସନ ୧୮୭୯ରେ ଇଲେକ୍ଟ୍ରିଲାଇଟ (ବିଜୁଳିବତୀ) ଉଦ୍‌ଭାବନ କଲେ । ବାସ୍ତବରେ ଇଂରାଜୀ ବୈଜ୍ଞାନିକ ଜୋସେଫ ୱିଲସନ୍ ସ୍ୱେନ ମଧ୍ୟ ଠିକ୍ ସେହି ସମୟରେ ଇଲେକ୍ଟ୍ରିଲାଇଟ ବାହାର କରିଥିଲେ । ପରେ ୧୮୮୩ ମସିହାରେ ଦୁହେଁ ମିଶି ଗ୍ରେଟବ୍ରିଟେନରେ କ-ାନୀଟିଏ ଖୋଲିଥିଲେ ।

ଫେକ୍ଟ-୩ : ଏହିପରି ଗ୍ରେ ସିଷ୍ଟମଙ୍କ ସାଂଗରେ ବେଲ ସିଷ୍ଟମ ଲୋକ ଲୋଚନକୁ ଆସିଲେ । କିନ୍ତୁ ଏଲିସା ଗ୍ରେ ନିଜ ରିସର୍ଚ୍ଚ ଧରି ପେଟେଣ୍ଟ ଅଫିସ ପହଞ୍ଚିଲେ ; ତାଙ୍କ ଦୁଇ ଘଣ୍ଟା ପୂର୍ବରୁ ଆଲେକ୍‌ଜାଣ୍ଡର ଗ୍ରାହାମ ବେଲ ସେଠାକୁ ପହଞ୍ଚି ସାରିଥିଲେ । ବେଲ ଏକଥାକୁ ନେଇ କହିଥିଲେ, **"ଏହା ଏକ ଆଶ୍ଚର୍ଯ୍ୟଜନକ ଘଟଣା ଯେ ଏହି ଗୁରୁତ୍ୱପୂର୍ଣ୍ଣ ଆବିଷ୍କାର/ଉଦ୍‌ଭାବନ ସକାଶେ ଏତେ ଲୋକ ଏକ ସମୟରେ ଗବେଷଣା ଚଳେଇଛନ୍ତି ।"** (ସେତେବେଳେ ପାଖାପାଖି ୬୦୦ଟି ମକଦ୍ଦମା ବେଲଙ୍କ ଟେଲଫୋନ୍ ପେଟେଣ୍ଟକୁ ନେଇ ରୁଜୁ କରାଯାଇଥିଲା ।)

ପେଟେଣ୍ଟ ତଥା ଆବିଷ୍କାର ବା ଉଦ୍‌ଭାବନର ଇତିହାସ ପୃଷ୍ଠାକୁ ଓଲଟାଇଲେ ଜଣାଯାଏ ଯେ ଅଧିକାଂଶ ଉଦ୍‌ଭାବନକୁ ନେଇ ଏକା ସମୟରେ ଏକାଧିକ ବ୍ୟକ୍ତି ପୃଥିବୀର ବିଭିନ୍ନ ଦେଶରୁ ଉପସ୍ଥିତ ହେଇଥିଲେ । କିନ୍ତୁ ଯିଏ ପ୍ରଥମେ ପେଟେଣ୍ଟ ଅଫିସ ପହଞ୍ଚିଲା ସେ ହିଁ ତା'ର ଆବିଷ୍କାରକ ବା ଉଦ୍‌ଭାବକ ଭାବେ ଖ୍ୟାତ ହେଲା । ଏହାକୁ ବୁଝିବାକୁ ହେଲେ ରେଡିଓର ଉଦାହରଣଟି ଦେଖିବା । ଯଦି ଆମେ ରେଡିଓର ସୁଇଚ୍ ଅନ କରି ଟ୍ୟୁନ କରୁ ତା'ହେଲେ ସଂଗୀତ ଝଙ୍କୃତ ହେବ ତା'ଅର୍ଥ କ'ଣ ସଂଗୀତର ଜନ୍ମଦାତା ରେଡିଓ କି ? ନା, ଏହା କେବଳ ଏକ ଯନ୍ତ୍ର ଯାହା ଧ୍ୱନି ତରଂଗକୁ ମଣିଷ କାନରେ ପହଞ୍ଚେଇବାରେ ସହାୟକ ହୁଏ ।

ଠିକ୍ ଏହିପରି, ଆମେ କୌଣସି ବିଷୟକୁ ନେଇ ସାକାରାତ୍ମକ ଚିନ୍ତା କଲାବେଳେ, ତା'ସମାଧାନକୁ ଆମେ ନିଜଆଡକୁ ଟାଣି ଥାଉ । କିନ୍ତୁ ଥରେ ଯଦି ଆମେ କୌଣସି ଜ୍ଞାନକୁ ଟାଣିଲେ ତାହାହେଲେ ପୃଥିବୀର ଅନ୍ୟ ଉପରେ ସେହି ବିଷୟରେ ଚିନ୍ତା କରୁଥିବା ଅନ୍ୟ ବ୍ୟକ୍ତିକୁ ମଧ୍ୟ ଏହାରି ସଂକେତ ମିଳି ଯାଇପାରେ ।

ଯଦି ଆମ ମନରେ କୌଣସି ପ୍ରଶ୍ନ ଥାଏ, ତା'ହେଲେ ଏହି ବିଶ୍ୱ ବ୍ରହ୍ମାଣ୍ଡରେ ହିଁ ନିଷ୍ଚିତ ଭାବରେ ତାର ଉତ୍ତର ମଧ୍ୟ ଥିବ । ଯଦି ଲଗାତାର ନିଜକୁ ଆମେ ସେ ପ୍ରଶ୍ନ ପଚ୍ରିବା ତେବେ ଦିନେ ନା ଦିନେ ଏହି ବ୍ରହ୍ମାଣ୍ଡରୁ ତା'ରି ଉତ୍ତର ମିଳିଯିବ । ଏହା କୌଣସି ଅନୁଭୂତି, ସ୍ୱପ୍ନ କିମ୍ବା ସୁଯୋଗ ଭାବରେ ଦଣ୍ଡାୟମାନ ହେଇଯିବ।

"କୋଣସି ଏକ ଭାବନାକୁ ବାଛି ପକାନ୍ତୁ, ତାକୁ ହିଁ ନିଜର ଜୀବନ କରିନିଅନ୍ତୁ, ତା'ରି କଥା ଚିନ୍ତା କରନ୍ତୁ । ତା'କୁ ନେଇ ସ୍ୱପ୍ନ ବୁଣନ୍ତୁ, ତା'ରି ସାଥିରେ ବଞ୍ଚି ନିଜ ମସ୍ତିଷ୍କ, ମାଂସପେଶୀ, ସ୍ନାୟୁତନ୍ତ୍ର, ଶରୀରର ସମସ୍ତ ଅବୟବକୁ ସେହି ଭାବନାରେ ନିମଜ୍ଜିତ କରିଦିଅନ୍ତୁ ; ଅନ୍ୟ କଥା ଛାଡ଼ି ଦିଅନ୍ତୁ । ଏହା ହିଁ କୃତିତ୍ୱର (ସଫଳତାର) ରହସ୍ୟ । ଏହିପରି ଭାବରେ ଆଧ୍ୟାତ୍ମିକ ମହାପୁରୁଷମାନେ ଜନ୍ମଗ୍ରହଣ କରିଥାନ୍ତି ।

–ସ୍ୱାମୀ ବିବେକାନନ୍ଦ

ପ୍ରୟୋଗ - ୩

କମ୍ ସମୟ ମଧ୍ୟରେ ଆତ୍ମବିଶ୍ୱାସ ପାଇବାକୁ ହେଲେ ଟ୍ରିଗର ମେଥଡ

ପ୍ରଥମ ମିନିଟ : ସଫଳତାର ଭିନ୍ନ ଭିନ୍ନ ଦୃଶ୍ୟ ମନେ ମନେ ଦେଖିବା । ଆମେ ଅତୀତରେ ଘଟିଥିବା କୌଣସି ଘଟଣା ବା ଭବିଷ୍ୟତକୁ ନେଇ ଆଗାମୀ ସଫଳତା ଉଦ୍ଦେଶ୍ୟରେ କଳ୍ପନା କରିପାରିବା .... ନିଜ ସ୍ମୃତି ଶକ୍ତିକୁ ରଂଗୀନ କରି ଚଳଚ୍ଚିତ୍ର ପରି ସଜାଇ ରଖିବା ।

ଦ୍ୱିତୀୟ ମିନିଟ : ଦର୍ପଣ

୧. ଏକ ଦର୍ପଣ ଆଗରେ ଠିଆ ହେଇ ଆଖି ବନ୍ଦ କରିବା

୨. ଏଭଳି ବ୍ୟକ୍ତିକୁ ମନେ ପକେଇବା ଯିଏ ଆମକୁ ସ୍ନେହ କରନ୍ତି ଓ ତାଙ୍କ ଦୃଷ୍ଟିରେ ନିଜକୁ ଦେଖିବା ।

୩. ପ୍ରସ୍ତୁତ ହେଇ ସାରିଲା ପରେ, ଆଖି ଖୋଲି ନିଜକୁ ଏପରି ଦେଖିବା ସତେକି ଅନ୍ୟ ଜଣେ କେହି ଆମକୁ ଦେଖୁଛି ।

ତୃତୀୟ ମିନିଟ : ନିଜର ପ୍ରଶଂସା

ନିଜେ ନିଜକୁ ଦର୍ପଣରେ ଦେଖି ଗଭୀର ଆତ୍ମବିଶ୍ୱାସର ସହିତ ଏକ ମିନିଟ ପର୍ଯ୍ୟନ୍ତ ନିଜର ପ୍ରଶଂସା କରିବା । ଏପରି କରିବା ହୁଏତ ଅସଂଗତ ମନେହେଇପାରେ କିନ୍ତୁ ଏହା ଆମ ପାଇଁ ବେଶ୍ ଗୁରୁତ୍ୱପୂର୍ଣ୍ଣ କାମ କରିବ । ଆମେ ଶକ୍ତି ପରିବର୍ତ୍ତନ କରୁଛୁ ; ଏଣୁ ଜୀବନରେ ଯାହା ଚାହିଁବା ତାହା ପାଇପାରିବା ।

ଚତୁର୍ଥ ମିନିଟ : କନ୍‌ଫିଡେନ୍‌ସ ସ୍ୱିଚ ଅନ୍ କରିବା

୧. ସେହି ସମୟକୁ ମନେପକେଇବା, ଯେତେବେଳେ ଆମେ ଗଭୀର ଆତ୍ମବିଶ୍ୱାସରେ ପରିପୂର୍ଣ୍ଣ ଥିଲୁ । ସେତେବେଳେ ଆମେ କ'ଣ ଦେଖିଲୁ । କ'ଣ ଶୁଣିଲୁ, କ'ଣ ଅନୁଭବ କଲୁ ? ଏକଥା ମନେ ନପଡ଼ିଲେ ଆମେ ଭାବିବା ଯେ ଆତ୍ମବିଶ୍ୱାସୀ ହେଇଥିଲେ ଆମେ କିପରି ହେଇଥାନ୍ତେ ।

୨. ଏସବୁ କାଳ୍ପନିକ ଚିତ୍ରରେ ଆହୁରି ରଂଗ ଦେବା, ଶବ୍ଦସ୍ୱର ସ୍ପଷ୍ଟ ଓ ନିଜକୁ ଖୁବ୍ ଦୃଢ଼ ମନେକରିବା ।

୩. ଏପରି ଭାବିବା ସମୟରେ ଯେକୌଣସି ହାତର ବୃଦ୍ଧାଙ୍ଗୁଳି ଓ ମଧ୍ୟମାକୁ ଏକା ସାଥିରେ ଚାପିବା ।

୪. ଏହି ଦୁଇ ଆଙ୍ଗୁଳିକୁ ଚାପିଧରି ୨୪ଘଣ୍ଟା ମଧ୍ୟରେ ହେବାକୁ ଥିବା ଅନୁଭୂତି ପରିସ୍ଥିତିକୁ ନେଇ ମନରେ ଏଭଳି କାଳ୍ପନିକ ଚିତ୍ର ଆଙ୍କି ଚାଲିବା ଯେ, ସବିକିଛି ଆମ ଇଛାନୁସାରେ ଘଟିତ ହେଉଛି । କ'ଣ ଦେଖିବାକୁ ଚାହୁଁ ଆମେ, କ'ଣ ଶୁଣିବାକୁ ଚାହୁଁ ଓ କ'ଣ ଅନୁଭବ କରିବାକୁ ଇଚ୍ଛୁକ ଇତ୍ୟାଦି । ଏଥର ଭାବନ୍ତୁ କେମିତି ଭଲ ଲାଗୁଛି ।

ଅବଶ୍ୟ ପ୍ରଥମେ ପ୍ରଥମେ ଏଭଳି ପ୍ରକ୍ରିୟାଟି ଅଦ୍‌ଭୁତ ମନେହେବ । କିନ୍ତୁ ଏହା ଏକ ଅନୁଭୂତ ଉପାୟ । ମୁଁ ଭାବୁଛି, ଯେମିତି ହେଲେ ବିଷମ ଓ ଦ୍ୱନ୍ଦ୍ୱାତ୍ମକ ପରିସ୍ଥିତି ହେଲେ ମଧ୍ୟ ଆମେ ଉପରୋକ୍ତ ପଦ୍ଧତି ଅନୁସରଣ କରି ଯେ କୌଣସି ମାନସିକ ଚାପରୁ ମୁକ୍ତ ହେଇପାରିବ । ଏହାକୁ ହୁଏତ ଜଣେ ଯାଦୁ ବା କୁହୁକ କହିପାରେ କିନ୍ତୁ ଏହା ବିଜ୍ଞାନ ସମ୍ମତ ଅଟେ ।

ନିଜକୁ ମାତ୍ର କେଇ ମିନିଟ ମଧ୍ୟରେ ମନୋନିବେଶ ପୂର୍ବକ ପ୍ରସ୍ତୁତ ହେବାକୁ ହେବ । ପୁନଶ୍ଚ ଏହା ଅତି ଗୁରୁତ୍ୱପୂର୍ଣ୍ଣ ତଥ୍ୟ ଯେ ଆମ ବୃଦ୍ଧାଙ୍ଗୁଳି ଓ ଆଙ୍ଗୁଳିଙ୍କୁ ବାରମ୍ବାର ଚାପିବା ଦ୍ୱାରା ସାମାନ୍ୟ କଷ୍ଟହେବ ଓ ଭାବିବା ସାଂଗକୁ ଉଭେୟଯିବ । ଯେ କୌଣସି ସମୟରେ ଆତ୍ମବିଶ୍ୱାସ ବୃଦ୍ଧି କରିବାକୁ ହେଲେ ବୃଦ୍ଧାଙ୍ଗୁଳି ସହ ଆଙ୍ଗୁଳିକୁ ବାରମ୍ବାର ଚାପ ଦେବା (ଟ୍ରିଗର) ଭଳି କାମ କରିବ । ଏହି ଅଭ୍ୟାସ ସପ୍ତାହକୁ ଥରେ କରିବା ନିହାତି ଦରକାର ।

ପ୍ରୟୋଗ - ୪

ବ୍ୟତିବ୍ୟସ୍ତ କରୁଥିବା ଚିନ୍ତାରୁ ମୁକ୍ତି ପାଇଁ ଟେପିଂ ମେଥଡ଼

(ଏହି କୌଶଳକୁ ପ୍ରୟୋଗ କରିବାକୁ ହେଲେ ସମସ୍ତ ସୋପାନ ଆଗ ପଢ଼ିବାକୁ ହେବ ।)

୧. ଯାହା ସମସ୍ୟା ଥିବ ତାକୁ ଦୃଷ୍ଟିରେ ରଖି ଚିନ୍ତା କରିବା । ଏଥର ଗୋଟେ ସ୍କେଲ୍‌ରେ ୧ ରୁ ୧୦ ମଧ୍ୟରେ ନିଜର ମାନସିକ ଗ୍ରୁପକୁ ଅଙ୍କିତ କରିବା । ଏହା ମଧ୍ୟ ଏକାନ୍ତ ଜରୁରୀ ଯେ ଆମେ କ୍ଷଣିକ ମଧ୍ୟରେ ଉକ୍ତ ଗ୍ରୁପକୁ କେତେ କମେଇ ପାରିବା ।

ଲଗାତାର ଏକଥା ଆମକୁ ଭାବିବାକୁ ହେବ ଯେ ଏସବୁ ପର୍ଯ୍ୟାୟରେ କେଉଁ କଥା ବେଶି ବିଚଳିତ କରୁଛି ।

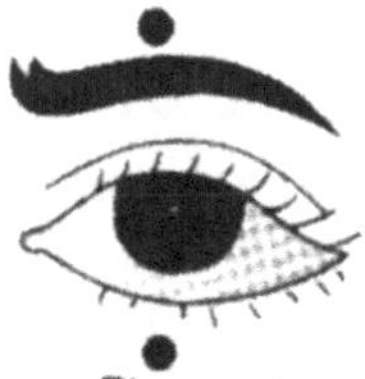

Figure -1

୨. ବାମ କିମ୍ବା ଡାହାଣ ହାତର ଅଙ୍ଗୁଳିରେ ଯେକୌଣସି
ଆଖି ଉପରେ ଥିବା ଭୃଲତାର ଉର୍ଦ୍ଧ୍ୱ ବିନ୍ଦୁରେ ଆସ୍ତେ
ଆସ୍ତେ ଦବେଇବା ।

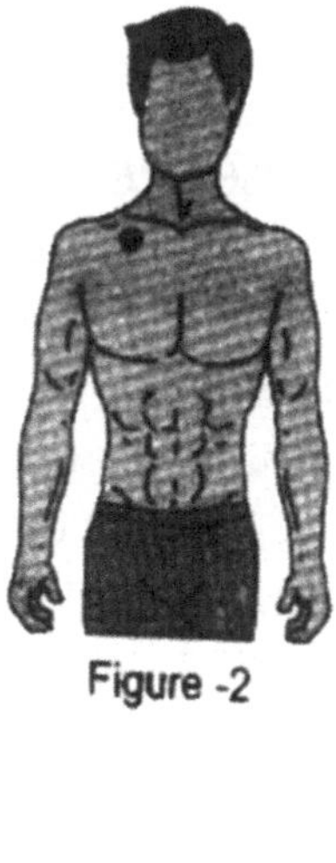

Figure -2

୩. ଏଥର ସେହି ଆଖି ତଳ ବିନ୍ଦୁରେ ଗ୍ରୁପ ପ୍ରୟୋଗ କରିବା ।

୪. ନିଜ Collar Bone ତଳେ ଦବେଇବା ।

୫. ସମସ୍ୟାର କାରଣ କଥା ଭାବିଭାବି କାଖତଳେ ରହିରହି ଟ୍ୟାପ ପ୍ରୟୋଗ କରିବା ।

୬. ଏଥର ହାତ ପାପୁଲିରେ ଥିବା 'କରାଟେ ଟ୍ୟାପ ବିନ୍ଦୁ'ରେ ଟ୍ୟାପ ଦେବା ।

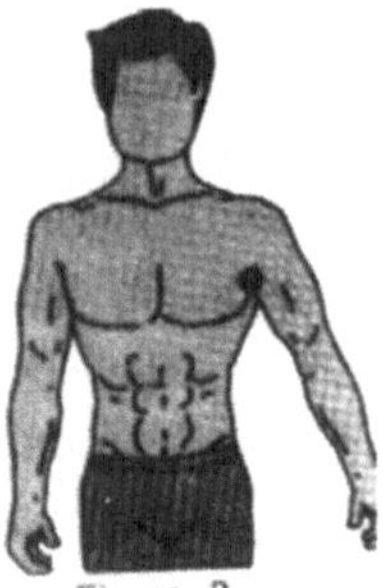
Figure -3

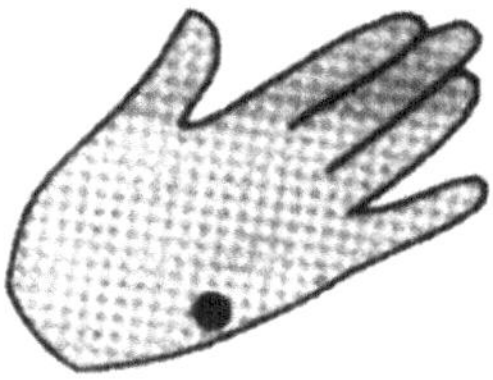
Figure -4

୭. ସେହି ହାତକୁ ଓଲଟେଇ ଅନାମିକା ଓ କନିଷ୍ଠ ସନ୍ଧିମୂଳରେ ଟ୍ୟାପ ପ୍ରୟୋଗ କରି କରି ସମସ୍ୟା କଥା ଚିନ୍ତା କରୁଥିବା ।

Figure -5

୮. ଆଖି ବୁଜି ପୁଣି ଖୋଲିବା ।

୯. ଡାହାଣ ପଟ ତଳକୁ ଦେଖିବା, ମଝି ତଳକୁ ଓ ପରେ ବାମ ପଟ ତଳକୁ ଆଖି ବୁଲେଇବା ।

୧୦. ଆଖିକୁ ବୃତ୍ତାକାରରେ ଘଣ୍ଟାରେ ଥିବା କଣ୍ଟା ପରି 360° ବୁଲେଇବା । ତା'ପରେ 360° ରୁ 0° ପର୍ଯ୍ୟନ୍ତ ବିପରୀତ ଦିଗରେ ଆଖିଡୋଳାକୁ ବୁଲେଇବା ।

୧୧. ମାନସିକ ଟ୍ୟାପ ବିଷୟରେ ଭାବିଭାବି 'ହେପି ବାର୍ଥ ଡେ ଟୁ ୟୁ' କହି କହି ଟେପିଂ କରୁଥିବା ।

୧୨. ଏଥର ବଡ଼ ପାଟିରେ ୧ ରୁ ୫ ପର୍ଯ୍ୟନ୍ତ ଗଣନା କରିବା ।

୧୩. ପୁଣିଥରେ 'ହେପି ବାର୍ଥ ଡେ ଟୁ ୟୁ' କୁ ବଡ ପାଟିରେ ଗାଇବା ।

୧୪. ୨ ରୁ ୬ ନମ୍ବର କାରଣ ମନେପକେଇ ଟ୍ୟାପିବା । ଏଥର ଆଗପରି ଭୃଲତା ଉପରେ, ଆଖିତଳେ, ଗଳା ହାଡ଼, କାଖ ତଳ ଓ କରାଟେ ଟ୍ୟାପ ବିନ୍ଦୁମାନଙ୍କୁ ଆସ୍ତେ ଆସ୍ତେ ଦବେଇବା ।

ବର୍ତ୍ତମାନ ରହି ପରୀକ୍ଷା କରିବା ଯେ ୧ ରୁ ୧୦ ସ୍କେଲରେ ଆମେ କେତେ ନମ୍ବରରେ ଆସି ପହଞ୍ଚିଛେ । ଯଦି ପୂର୍ବଭାବ ମନରୁ ଯାଇନି ତେବେ ଆଉଥରେ ଦୋହରେଇବା । ହୁଏ ତ ଦୁଇ ତିନି ଥର ଏପରି କରିବାକୁ ପଡିପାରେ । ଅବଶ୍ୟ ଥରେ ଦିଥର କରି ଅଧିକାଂଶ ଲୋକ ମାନସିକ ଟ୍ୟାପରୁ ମୁକ୍ତି ପାଇଥାନ୍ତି ।

ପ୍ରୟୋଗ - ୫

ଉତ୍ତମ ବକ୍ତବ୍ୟ ସକାଶେ ମାଇଣ୍ଡ ପାୱାର ମେଥଡ୍

ପ୍ରଥମ ଥର କରିବା ପୂର୍ବରୁ ସବୁପ୍ରକାର ବ୍ୟାୟାମକୁ ଭଲଭାବେ ପଢ଼ିଦେବା ଉଚିତ ...

୧. ସେହି ପ୍ରସ୍ତୁତି କଥା ଚିନ୍ତାକରନ୍ତୁ ଯାହା ଆଗାମୀ ଦିନରେ ହେବାକୁ ଥିବ । ଯଦି ନିର୍ଦ୍ଧାରିତ ହେଇ ନଥାଏ ତେବେ ମଧ୍ୟ କଳ୍ପନା କରନ୍ତୁ ଯେ ସେଠାରେ ସବୁଠୁ ଭଲ ପ୍ରଦର୍ଶନ କରିବାକୁ ହେବ ।

୨. ଏସବୁ ଯଦି ନିଜକୁ କରିବାକୁ ହୁଏ, ତେବେ ମନରେ କିପରି ଭାବନା ଜାତ ହେବ ?

୩. ଯେ କୌଣସି ରଙ୍ଗର ଚଟାଣରେ ଏକ ପରିଧି କଳ୍ପନା କରନ୍ତୁ । ମୁଁ ଜଣେ ଆତ୍ମବିଶାସୀ, ଏଣୁ ଆତ୍ମବିଶ୍ୱାସର ସହିତ ନିଜେ ନିଜ ସହ କଥାବାର୍ତ୍ତା କରୁଛି । ମୋ ମନରେ ଯୋଶ୍ ପରିପୂର୍ଣ୍ଣ । ମୁଁ ସାଂଗସାଥିମାନଙ୍କ ସହ ମୌଜମଜଲିସ କରି ଉକ୍ତ ପରିଧିକୁ ଏସବୁ ଭାବନାରେ ଭର୍ତ୍ତି କରିଦେଉଛି ।

୪. ଏଥର ପରିଧିମଧ୍ୟରେ ପ୍ରବେଶକରି ସେସବୁ ଭାବନାକୁ ନିଜମଧ୍ୟରେ ଆତ୍ମସାତ କରି ଇଚ୍ଛାନୁଯାୟୀ କାମ କଥା ଚିନ୍ତାକରନ୍ତୁ । ଭାବନାସବୁ ଫିକା ପଡ଼ି ଆସିଲେ ପରିଧିରୁ ବାହାରି, ପୁଣିଥରେ ନିଜକୁ ଗ୍ଭର୍ଜ କରି ଫେରିଆସନ୍ତୁ।

୫. ଯେ ପର୍ଯ୍ୟନ୍ତ ନିଜ ମନ ମୁତାବକ କାର୍ଯ୍ୟ କରିବା ନିମନ୍ତେ ଆବଶ୍ୟକ ଯୋଗ୍ୟତା ଓ ଆତ୍ମବିଶ୍ୱାସ ନ ଜନ୍ମିଛି ; ସେ ପର୍ଯ୍ୟନ୍ତ ସୋପାନ ୩ ଓ ୪ କୁ ବାରମ୍ବାର କରନ୍ତୁ ।

ଏହି ବହିର ଯେ କୌଣସି ଅଭ୍ୟାସ ବଳରେ ନିଜ ପ୍ରୟୋଗ ଅନୁସାରେ ଆତ୍ମବିଶ୍ୱାସ ଜନ୍ମେଇ ପାରିବେ ।

ପ୍ରୟୋଗ - ୬

ବିଶ୍ୱର ଯାତ୍ରା

ହ୍ୟୁମେନ ଏଣ୍ଟିନା କଥା ପଢ଼ିସାରି ଆମେ ଜଣିପାରୁଛୁ ଯେ ମାନବଶରୀର ଏକ ଜଟୀଳ ଇଲେକ୍ଟ୍ରୋମେଗ୍ନଟିକ ଫିଲ୍ଡ ଓ ଏହା ଇଲେକ୍ଟ୍ରୋମେଗ୍ନେଟିକ ତରଙ୍ଗଗୁଡ଼ିକୁ ନିଜ ଆଡକୁ ଆକୃଷ୍ଟ କରିଥାଏ ।

ଆସନ୍ତୁ, ଏକଥାକୁ ନେଇ ଆଉ ପାଦେ ଆଗେଇବା....

ଆମ ଶରୀର ମଧ୍ୟରେ ଥିବା ପଞ୍ଚଭୂତ ଅର୍ଥାତ୍ ସ୍ଥାନ, ବାୟୁ ଓ ଆକାଶ ଆଜି ଅଦୃଶ୍ୟ ଓ ଅସ୍ତିତ୍ୱହୀନ ଜଣାପଡ଼େ । କିନ୍ତୁ ଏସବୁ ମଧ୍ୟ ସେହି ଏକା ଉଦ୍‌ଜାନ, ଅମ୍ଳଜାନ ଆଉ, ଯବକ୍ଷାରଜାନକୁ ନେଇ ଗଠିତ । ମଣିଷର ଶରୀର ଦୃଶ୍ୟମାନ ଅଥଚ ବାୟୁ ଅଦୃଶ୍ୟ । ଏଣୁ ଆମେ ଭାବିନେଉ ଯେ ଯାହା ଦିଶୁନି ତାହା ଖାଲି ବା ଶୂନ୍ୟସ୍ଥାନ ଅଟେ ।

ଜୀବବିଜ୍ଞାନୀମାନେ ଏଭଳି ତଥ୍ୟ ପ୍ରଦାନ କରୁଛନ୍ତି ; ଯଦ୍ୱାରା ଉକ୍ତ ଶୂନ୍ୟ ସ୍ଥାନକୁ ବୁଝିବାରେ ବେଶ୍ ସହାୟକ ହେବ । ବୈଜ୍ଞାନିକମାନେ କୁହନ୍ତି ଯେ, ଆମର ବିଶ୍ୱର ନ୍ୟୁରୋ ପେପ୍‌ଟାଇଡ୍‌ସ ନାମକ ପରମାଣୁରେ ପରିବର୍ତ୍ତନଶୀଳ ହୁଏ । ଭାବନା ମଧ୍ୟ ଏହା ସଦୃଶ । ଆମେ ଯାହା ଚିନ୍ତାକରୁ ମାନିଥାଉ, ତାହାହିଁ ଭାବନା । ଏହାକୁ (ଇନ୍ଦ୍ରୀୟ ସ୍ତରରେ) ବିଶ୍ୱର କୁହାଯାଏ ।

ଏପ୍ରକାର ନୂଆ କଥା ରହସ୍ୟମୟ ସୁପର ନେଚୁରାଲ ତଥ୍ୟ ପ୍ରତି ଇଙ୍ଗିତ କରିଥାଏ । ନିଜକୁ କେବେ କୋଠରି ମଧ୍ୟରେ ଭ୍ରମରେ ପଡ଼ିଥିବାର ଦେଖିଛନ୍ତି କି ? ଏହା କିପରି ହେଲା ? ଖୁବ୍ ସାମାନ୍ୟ କଥା । ଉକ୍ତ କୋଠରିରେଥିବା ନ୍ୟୁରୋପେପ୍ ଟାଇଡ୍‌ସ ପରମାଣୁ ସଂସ୍ପର୍ଶରେ ଆସି ଏପରି ସମ୍ଭବ ହେଲା । ଏହା ପୂର୍ବରୁ ବାୟୁରେ ବିଦ୍ୟମାନ ଥିଲା । ଏ ତଥ୍ୟ ଆମପାଇଁ ବେଶ୍ ଗୁରୁତ୍ୱପୂର୍ଣ୍ଣ ।

ପ୍ରୟୋଗ - ୭

ମେମୋରୀ ବୁଷ୍ଟର ଏକ୍ସରସାଇଜ :
ଡାଇନାମିକ ନ୍ୟୁରୋବିକ୍ସ

ଡାଇନାମିକ ନ୍ୟୁରୋବିକ୍ସର ଏହି ସରଳ ପ୍ରକ୍ରିୟାଟି ମସ୍ତିଷ୍କର ତନ୍ତୁରେ ଏନରଜାଇଜ କରି ସ୍ମୃତିଶକ୍ତିକୁ ବୃଦ୍ଧି କରିଥାଏ ଓ ମେମୋରୀ ବୁଷ୍ଟର ସଦୃଶ କାମ କରେ ।

ମାନବ ଶରୀର ଏକ ଜଟୀଳ ମେଗ୍ନେଟିକ ଫିଲ୍ଡ କାହିଁକି ନା ଏହାର ଡାହାଣ ଇୟରଲୋବ (Earlobe) ବାମ ମସ୍ତିଷ୍କ ସହିତ ତଥା ବାମ ଇୟରଲୋବ ଡାହାଣ ମସ୍ତିଷ୍କ ସହିତ ସଂଶ୍ଳିଷ୍ଟ ଥାଏ ।

ଡାଇନାମିକ ନ୍ୟୁରୋବିକ୍ସର ଷ୍ଟେପ୍ସ

୧. **ଉଚିତ ଦିଗକୁ ମୁହଁକରି ଠିଆ ହେବା :** ପୂର୍ବ ଦିଗକୁ ମୁହଁ କରି ଠିଆ ହେବା ଶ୍ରେୟସ୍କର । ପୂର୍ବ ଦିଗରୁ ବାଇଗଣି ରଂଗର ପ୍ରାଣ ପ୍ରାଚୁର୍ଯ୍ୟ ରଶ୍ମି ଉଦ୍‌ଭାସିତ ହୁଏ, ଯାହାକି ଆମ ଶକ୍ତିଚକ୍ରକୁ ଉଜ୍ଜୀବିତ କରିଥାଏ ।

୨. **ବାମ ମସ୍ତିଷ୍କକୁ ସକ୍ରିୟ କରିବା :** ବାମ ହାତର ବୃଦ୍ଧାଙ୍ଗୁଳି ତଥା ତର୍ଜନୀ ସହାୟତାରେ ଡାହାଣ କାନକୁ ଆସ୍ତେ ଆସ୍ତେ ଘଷିବା ; ଯଦ୍ଦ୍ୱାରା ଆବଶ୍ୟକ ଶକ୍ତି ଉତ୍ପନ୍ନହେଇ ଆମ ବାମ ଭାଗର ମସ୍ତିଷ୍କ ତଥା ପିଟ୍ୟୁଟରି ଗ୍ଲେଣ୍ଡକୁ ଶକ୍ତି ସ-ନ୍ନ କରିଦେବ ।

୩. **ଡାହାଣ ମସ୍ତିଷ୍କକୁ ସକ୍ରିୟ କରିବା :** ଡାହାଣ ହାତର ବୃଦ୍ଧାଙ୍ଗୁଳି ଓ ତର୍ଜନୀ ସାହାଯ୍ୟରେ ବାମ କାନକୁ ଧୀରେ ଧୀରେ ଘଷିବା ଦ୍ୱାରା ଉତ୍ପନ୍ନ ଆବଶ୍ୟକ ଶକ୍ତି ଆମ ଡାହାଣ ମସ୍ତିଷ୍କ ତଥା ପିନିୟାଲ ଗ୍ଲେଣ୍ଡକୁ ସଂଚରିତ ହେବ ।

୪. **ଏନାର୍ଜି ଚେନାଲକୁ ଯୋଡିବା :** ଶରୀରର ସମଗ୍ର ଏନାର୍ଜି ଓ୍ୱାଏରିଂକୁ ପୂର୍ଣ୍ଣ କରିବାକୁ ହେଲେ ଜିଭକୁ ନେଇ ତାଳୁରେ ସ୍ପର୍ଶ କରେଇବାକୁ ହେବ ।

୫. **ଅଙ୍ଗୁଳି ଠିକ୍ ଜାଗାରେ ହେବା ଦରକାର :** ଇୟର ଲୋବକୁ ଆସ୍ତେ ଆସ୍ତେ ଘଷିବାବେଳେ ଆମ ବୃଦ୍ଧାଙ୍ଗୁଳିଟା ବାହାର ପଟକୁ ତଥା ଅଙ୍ଗୁଳିସବୁ ଭିତରପଟକୁ ହେବା ବାଞ୍ଛନୀୟ । ଏହା ହିଁ ପ୍ରକୃତ ସ୍ଥିତି ଅଟେ । ଏପରି କରିବାଦ୍ୱାରା ମସ୍ତିଷ୍କର ପ୍ରାଣଶକ୍ତି ବୃଦ୍ଧି ପାଇ ଅଧିକ ପ୍ରଭାବକାରୀ ହେଇଥାଏ । କିନ୍ତୁ ବୃଦ୍ଧାଙ୍ଗୁଳିଟା ଭିତରପଟକୁ ରହିଲେ ସେତେ ପ୍ରଭାବ ପଡିବନି ।

୬. **ଭୁଜଗୁଡିକ ଠିକ୍ ଭାବରେ ଥିବ :** ଡାହାଣ ହାତ ବାହାର ପଟକୁ ତଥା ବାମ ହାତ ଭିତର ଆଡକୁ ଥିବା ଉଚିତ । ଏତତ୍‌ଦ୍ୱାରା ମଧ୍ୟ ମସ୍ତିଷ୍କ ସକ୍ରିୟ ଓ ଶକ୍ତି ସ-ନ୍ନ ହେଇଥାଏ ।

୭. **ଘନନୀଳ ରଂଗର ମାନସିକ ଚିତ୍ରଣକୁ ଦିବ୍ୟତା ସହିତ ଯୋଡିବା :** ଡାଇନାମିକ୍ ନ୍ୟୁରୋବିକ୍ସ ଆସ୍ତେ ଆସ୍ତେ ଆମର ସୁପ୍ତ ଶକ୍ତିକୁ ଜାଗୃତ କରି ଆନ୍ତରିକ ରାସାୟନିକ ପରିବର୍ତ୍ତନ ପ୍ରକ୍ରିୟାରେ ଅଂଶ ଗ୍ରହଣ କରିଥାଏ । ମାନସିକ ଚିତ୍ରଣର ସୁରକ୍ଷିତ ଓ ପ୍ରଭାବକାରୀ ପଦ୍ଧତି ହେଲା ଘନନୀଳ ରଂଗର ରଶ୍ମି ଆମ ସମଗ୍ର ଶରୀରରେ ପ୍ରବେଶ କରି ମସ୍ତିଷ୍କକୁ ଅପ୍ଲାବିତ କରୁଛି । ନୀଳରଶ୍ମି ଆମ ମସ୍ତିଷ୍କର ତନ୍ତୁ ସାଂଗକୁ ସମଗ୍ର ନର୍ଭ୍‌ସ ପ୍ରଣାଳୀକୁ ଶକ୍ତି ପ୍ରଦାନ କରିଥାଏ ।

୮. **ଉଠ-ବସ ହେବା :** ବସିବା ସମୟରେ ପ୍ରଶ୍ୱାସ ନେବା ଓ ଉଠିବାବେଳେ ନିଶ୍ୱାସ ଛାଡିବା । ଉଭୟ ପର୍ଯ୍ୟାୟ ୧୪ଥର ଦୋହରେଇବା।

୯. **ନିଜ ଆଙ୍ଗୁଠି କାଢ଼ି ଦେବା :** ବ୍ୟାୟାମ ସରିଲା ପରେ ଆଙ୍ଗୁଠିଗୁଡିକୁ କାନରୁ କାଢ଼ି ଦେଇ 'ରିଲେକ୍ସ' ହେବା ।

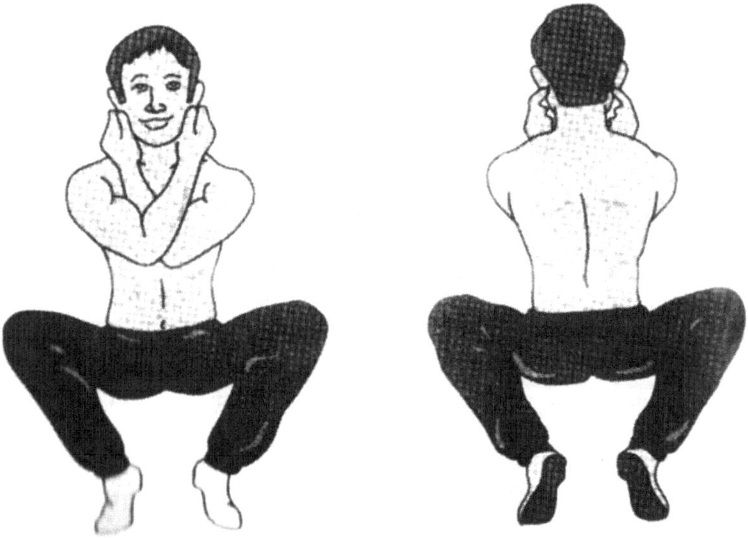

ପ୍ରୟୋଗ - ୮

କ୍ରୋଧ ସମ୍ବରଣ କୌଶଳ

"ଯେଉଁଭଳି ଆଲୋକ ନଥିଲେ ଅନ୍ଧକାର ହୁଏ, ସେହିଭଳି ମନରେ ଶାନ୍ତି ନଥିଲେ ହିଁ କ୍ରୋଧ ଜାତ ହୁଏ । ଅନ୍ଧାରକୁ ତଡ଼ିବାକୁ ହେଲେ ମହମବତୀଟି ଜଳେଇବାକୁ ପଡିଥାଏ, ସେହିପରି କ୍ରୋଧରୁ ରକ୍ଷା ପାଇବାକୁ ହେଲେ ନିଜ ମନରେ ଶାନ୍ତି ଆଣିବାକୁ ହେବ ।"

- ଭଗବାନ ଶିବ ।

ଶାନ୍ତି ରୂପକ ଶକ୍ତିକୁ ସକ୍ରିୟ କରିବା ଦ୍ୱାରା କଣ୍ଠଚକ୍ର ଖୋଲିଥାଏ ଆଉ ଉପରିସ୍ଥ ଶ୍ୱସନ ପ୍ରଣାଳୀ (ରେସ୍ପିରେଟରୀ ଟ୍ରେକ୍ଟ୍) ମଧ୍ୟ ସଫା ହେଇଯାଏ । ରକ୍ତ ପ୍ରବାହ ବୃଦ୍ଧି ସାଙ୍ଗକୁ ଫୁସ୍‌ଫୁସ ଭଲ ଭାବରେ ସଫା ହୁଏ । ମନରେ ଶାନ୍ତି ଥିଲେ ଦେହ ଉଷୁମ ଲାଗେ । ଏତତ୍‌ଦ୍ୱାରା ଅବସାଦ ଭଳି ମାନସିକ ଗୃପରୁ ମୁକ୍ତି ମିଳିଥାଏ । ବାହ୍ୟ ପ୍ରଭାବ ହ୍ରାସ ପାଇ ମନ ସୁସ୍ଥ ଓ ସବଳ ହୁଏ । ଏହା ଫଟିଂ ସିଣ୍ଡ୍ରୋମ ଅର୍ଥାତ୍ ଦୀର୍ଘକ୍ଲାନ୍ତିରୁ ମୁକ୍ତ ହେବାରେ ସହାୟକ ହୁଏ । ଦେହର ସମସ୍ତ ଉତ୍ତଳ ତଥା କୋଣଗୁଡିକ ପ୍ରଶାନ୍ତି ଅନୁଭବ କରନ୍ତି । ଏପ୍ରକାର ବ୍ୟାୟାମ ମାନସିକ ଗୃପ ଓ କ୍ରୋଧର ମୂଳୋତ୍ପାଟନ କରିଥାଏ ।

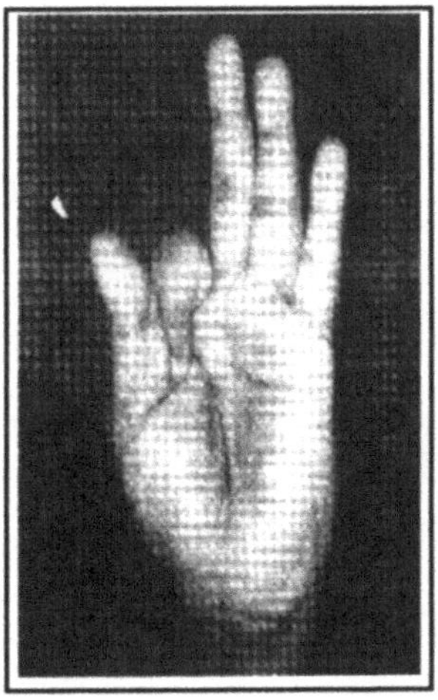

ଆମେ ଯେଉଁଠାରେ ଥିଲେ ମଧ୍ୟ ଯେତେବେଳେ ବି ଏହାକୁ କରିପାରିବା । ଏହାକୁ କରିବାକୁ ହେଲେ ନିମ୍ନଲିଖିତ ସୋପାନ କ୍ରମରେ କରାଯାଇପାରେ :

ପ୍ରଥମ ସୋପାନ : **ଗୋଟିଏ ହାତକୁ ବାୟୁମୁଦ୍ରା କରି ଆରାମରେ ବସି ପଡନ୍ତୁ ।**

ଦ୍ୱିତୀୟ ସୋପାନ : **ଦ୍ରୁତ ତଥା ମନ୍ଥର ଗତିରେ ଶ୍ୱାସକ୍ରିୟା କରି କଳ୍ପନା କରନ୍ତୁ ଯେ, ଆମ ଶରୀର ମଧ୍ୟରେ ଆକାଶ) ନୀଳରଙ୍ଗ ପ୍ରବେଶ କରୁଛି ।**

ତୃତୀୟ ସୋପାନ : କଳ୍ପନା କରନ୍ତୁ ଯେ ଆସ୍ତେ ଆସ୍ତେ ନିଶ୍ୱାସ ଛାଡିବା ସମୟରେ ଘନକଳା ରଂଗର ଟକ୍ସିନ୍ (ବିଷାକ୍ତ ଗ୍ୟାସ) ପଦାକୁ ବାହାରି ପଡୁଛି ।

ଚତୁର୍ଥ ସୋପାନ : ମନରେ ଗଭୀର ଶାନ୍ତି ଅନୁଭବ କରନ୍ତୁ । ଏଥର ଶାନ୍ତି ଆମ କ୍ରୋଧକୁ ଖଣ୍ଡ ଖଣ୍ଡ କରି ଫିଙ୍ଗି ଦେବ ।

ପଞ୍ଚମ ସୋପାନ : କ୍ଷଣିକ ପାଇଁ ଏହିପରି ଚୈତନ୍ୟ ରହି କ୍ରୋଧ ଭଳି ବିପଜ୍ଜନକ ସ୍ଥିତିରୁ ନିଜକୁ ରକ୍ଷା କରିପାରନ୍ତି ।

ଏକାଙ୍କିକ

ପ୍ରୟୋଗ - ୧

ଆମ ନିଜ ଫୋଟୋଗ୍ରାଫିକ୍ ମେମୋରୀ

ମସ୍ତିଷ୍କକୁ ନେଇ ଦଶ ବର୍ଷର ଗବେଷଣା ତଥା ପ୍ରାୟ ପାଞ୍ଚ(୫) ଲକ୍ଷ ଛାତ୍ରଛାତ୍ରୀମାନଙ୍କଠାରୁ ପାଇଥିବା ନିଜସ୍ୱ ଅନୁଭୂତିରୁ ଆମେ ଏକଥା ଜାଣି ପାରିଛୁ ଯେ ଆମ ସମସ୍ତଙ୍କ ପାଖରେ ସୁପର ମେମୋରୀ ଭଳି ଶକ୍ତିଶାଳୀ କ-ପ୍ୟୁଟର ଥିବା ସତ୍ତ୍ୱେ ମଧ୍ୟ ଆମେ ତାହାର ଉପଯୁକ୍ତ ବିନିଯୋଗ ବା ପ୍ରଯନ୍ ସକାଶେ ଦୃଷ୍ଟି ଦେଉନା ।

ବର୍ତ୍ତମାନ ମୁଁ ଏକଥା ପ୍ରମାଣିତ କରିଦେବି ଯେ ଏଥର ଆପଣ ମଧ୍ୟ ୧୦୦ଗୁଣ ଅଧିକ ବେଗରେ ମନେରଖି ପାରିବେ ।

ଆସନ୍ତୁ, ନିମ୍ନଲିଖିତ ତାଲିକାକୁ ଦୃଷ୍ଟି ଦେବା ।

୧. ଫୋଟୋ ଫ୍ରେମ
୨. ସ୍କୁଟର
୩. ଝରକା
୪. ପ୍ରଜାପତି
୫. ସାପ
୬. ଖଣ୍ଡା
୭. ମାଇକେଲ ଜେକ୍ସନ୍
୮. ସୋଫା
୯. ସୁନା
୧୦.ଚିତାବାଘ
୧୧. ଚକଲେଟ
୧୨. ମାଠିଆ
୧୩. ଟ୍ୟୁବଲାଇଟ
୧୪. ଚଢ଼େଇ
୧୫. ଗ୍ଲବି

ଏଥର ମତେ କୁହନ୍ତୁ ଯେ, ଉକ୍ତ ତାଲିକାକୁ କ୍ରମାନ୍ୱୟରେ ହେଉ, ବିପରୀତ କ୍ରମରେ ହେଉ ବା ମଝି ମଝିରୁ ହେଉ ମନେ ରଖିବାକୁ କେତେ ସମୟ ଲାଗିବ?

(କ) ୧ ଘଣ୍ଟା (ଖ) ୯୦ ମିନିଟ (ଗ) ୧୫ ମିନିଟ
(ଘ) ୧୫ସେକେଣ୍ଡ

ନିଜ ସ୍ମୃତିଶକ୍ତି ହିସାବରେ ୪ଟି ବିକଳ୍ପ ଉତ୍ତର ଦିଆଯାଇଛି । କିନ୍ତୁ ପ୍ରକୃତ ପକ୍ଷରେ ଉତ୍ତର ହେବ :- (ଘ) ୧୫ ସେକେଣ୍ଡ । କିପରି ? ଆସନ୍ତୁ ଦେଖିବା ।

ମୁଁ ବୁଝେଇ ଦେବି ଯେ ୧୫ ସେକେଣ୍ଡ ମଧ୍ୟରେ ଉକ୍ତ ତାଲିକାକୁ ଆମେ କିପରି ମନେରଖି ପାରିବା ।

ନିମ୍ନରେ ଚିତ୍ରଟିଏ ଦିଆଯାଇଛି । ଦତ୍ତ ଚିତ୍ରକୁ ଦେଖି ଉକ୍ତ ତାଲିକା ସହ ନିମ୍ନଲିଖିତ ଅନୁଚ୍ଛେଦକୁ ପଢ଼ିବା -

ଫଟୋ ଫ୍ରେମଟିଏ କଳ୍ପନା କରନ୍ତୁ, ଫଟୋଫ୍ରେମରେ ସ୍କୁଟରର ଚିତ୍ରଥିବ । ଝରକାରୁ ପ୍ରଜାପତିଟିଏ ଭିତରକୁ ପଶିବ । ଚଟାଣରେ ଏକ ସାପ ଦେଖାଯିବ, ତା' ମୁହଁରେ ଖଣ୍ଡେ ଧରିଥିବ । ମାଇକେଲ ଜେକସନ ସାପ ଭୟରେ ସୋଫା ତଳକୁ ଲୁଚିଯିବ । ସୋଫାଟା ସୁନାରେ ତିଆରି ହେଇଥିବ । ତା'ଉପରେ ଚିତାବାଘଟି ବସି ହାତରେ ଚକଲେଟ ଧରିଥିବ । ତା'ମୁଣ୍ଡରେ ମାଠିଆଟି ଥିବ, ସେଥିରେ ଟ୍ୟୁବଲାଇଟ ଥିବ । ଟ୍ୟୁବଲାଇଟ ଉପରେ ଚଢ଼େଇଟିଏ ବସି ଥଣ୍ଟରେ ଗ୍ଭବି ପେଛା ଧରିଥିବ ।

ଏଥର ମନେମନେ ଚିତ୍ରକୁ ମନେରଖି ତାଲିକାକୁ ମନେ ପକାନ୍ତୁ ।

ଏଥର ମୁଁ ଆଶା କରିବି ଆପଣ ନିମ୍ନ ତାଲିକାରେ ଥିବା ଶୂନ୍ୟସ୍ଥାନକୁ ନିର୍ଭୁଲ ଭାବେ ପୂରଣ କରିପାରିବେ ।

୧. ....

୨. ....

୩. ....

୪. ....

୫. ....

୬. ....

୭. ....

୮. ....

୯. ....

୧୦. ....

୧୧. ....

୧୨. ....

୧୩. ....

୧୪. ....

୧୫. ....

ପ୍ରୟୋଗ - ୨

ଏପଏଣ୍ଟମେଣ୍ଟ ମନେ ରଖିବା ସକାଶେ

ମେମୋରୀ କ୍ଲକ୍

ଏହି କୌଶଳଟା, ମନରେ ଅଙ୍କିତ ଚିତ୍ର ସହାୟତାରେ ମନେରଖିବାରେ ସାହାଯ୍ୟ କରେ । ଏହି ମେଥଡରେ 'ସଂଖ୍ୟା' ସବୁ ବସ୍ତୁ ବା ଛବିରେ ପ୍ରତିନିଧିତ୍ୱ କରିଥାଏ ଓ ତାହା ସହିତ (ଯତିପାତ) ରଖିଥାଏ (ଯଥା : ଓ୍ୱାନ୍ - ସ୍ୱାନ୍, ଟୁ - ସୁ ..... ଇତ୍ୟାଦି) ତା'ପରେ ଦତ୍ତ ତାଲିକାକୁ ନେଇ ତା'ସହ 'ଏସୋସିଏଟ' (ସାମଞ୍ଜସ୍ୟ ରକ୍ଷା) କରି ଶିଖିବାକୁ ହେବ । ଦେଖନ୍ତୁ :- ସାଧାରଣତଃ ଏଭଳି 'ଯତିପାତ' ହେଇଥାଏ :

ଓ୍ୱାନ - ସ୍ୱାନ

ଟୁ - ସୁ

ଥ୍ରୀ - ଟ୍ରି

ଫୋର - ଡୋର

ଫାଇଭ - ନାଇଫ୍

ସିକ୍ସ - କିକ୍ସ

ସେଭେନ - ହେଭେନ

ଏଟ - ପ୍ଲେଟ

ନାଇନ - ଓ୍ୱାଇନ

ଟେନ - ହେନ

ଇଲେଭେନ - ଲେମନ

ଟୁଏଲଭ - ସେଲ୍ଫ

ଏଥର ଧରିନିଆଯାଉ ଦିନକ ମଧ୍ୟରେ ଆମେ ନିମ୍ନଲିଖିତ ଲୋକଙ୍କ ସହ ଦେଖାସାକ୍ଷାତ କରିବାକୁ ସମୟ ଧାର୍ଯ୍ୟ କରିଛୁ ।

୧ଟାରେ - ସାଂଗକୁ ଆଣିବା ପାଇଁ ଏୟାରପୋର୍ଟ ଯିବାକୁ ହେବ।

୩ଟାରେ - ଜନ୍ମଦିନ ଉତ୍ସବରେ ଯୋଗ ଦେବାକୁ ହେବ ।

୪ଟାରେ - ମ୍ୟୁଜିକ କ୍ଲାସ ଯିବାକୁ ହେବ ।

୬ଟାରେ - (ସପିଂଗ୍) ଦୋକାନ-ବଜାର ଯିବା ।

୭ଟାରେ - ଇଣ୍ଟରନେଟରେ କାମ ଅଛି ।

୮ଟାରେ - ଡେନ୍ସ କ୍ଲାସ ଯିବାକୁ ହେବ ।

୯ଟାରେ - ମଟରକାର ସର୍ଭିସିଂ ପାଇଁ ନେବା ।

୧୦ଟାରେ - ଟ୍ୟୁସନ ଯିବାକୁ ପଡିବ ।

୧୨ଟାରେ - ମୁଖ୍ୟମନ୍ତ୍ରୀଙ୍କ ସହ ସାକ୍ଷାତ କରିବା ।

ଏସବୁ 'ଏପଏଣ୍ଟମେଣ୍ଟ'କୁ ମନେ ରଖିବାକୁ ହେଲେ ଦତ୍ତ ଚିତ୍ର ଅନୁସାରେ ଆମକୁ ସାମଞ୍ଜସ୍ୟ ରକ୍ଷା କରିବାକୁ ପଡ଼ିବ, ଯଥା : ୩ଟାରେ ଜନ୍ମଦିନ ଉତ୍ସବ ।

୩ଟାରେ (ଥ୍ରୀ) : ଜନ୍ମଦିନ ଉତ୍ସବରେ ଯୋଗ ଦେବାକୁ ହେବ ।

(ଟ୍ରି) : କଳ୍ପନା କରିବା ଯେ 'ଟ୍ରି' ଅର୍ଥାତ୍ ଗଛତଳେ ଜନ୍ମଦିନ ଉତ୍ସବ ପାଳିତ ହେବ ।

୭ଟାରେ (ସେଭେନ) : ଇଣ୍ଟରନେଟ ।

(ହେଭେନ) : କଳ୍ପନା କରିବା (ହେଭେନ) ଅର୍ଥାତ ସ୍ୱର୍ଗରେ ଦେବତାମାନେ ନେଟ ସର୍ଫିଂ କରୁଥିବେ ।

୮ଟାରେ (ଏଟ) : ଡେନ୍ସକ୍ଲାସ ଅଛି ।

(ପ୍ଲେଟ) : କଳ୍ପନା କରିବା ଯେ ପ୍ଲେଟରେ ଆମେ ଡେନ୍ସ କରୁଛୁ ।

୪ଟାରେ (ଫୋର) : ମ୍ୟୁଜିକ କ୍ଲାସ ।

(ଡୋର) : କଳ୍ପନା କରିବା ଯେ ଆମେ ଡୋର ଅର୍ଥାତ୍ କବାଟକୁ ବଜେଇ ଗ୍ଲିଛୁ।

୯ଟାରେ :(ନାଇନ) ମଟରକାର ସର୍ଭିସିଂ ।

(ୱାଇନ) : ଭାବିବା ଯେ ସର୍ଭିସିଂ ବେଳେ ମଟରକାରରେ ପେଟ୍ରୋଲ ପରିବର୍ତ୍ତେ ୱାଇନ୍ ପୂରା ଯାଉଛି ।

୧୦ଟାରେ - (ଟେନ) : ଟ୍ୟୁସନ ।

(ହେନ) : ଭାବିବା ଟ୍ୟୁସନ ଗଲାବେଳେ ମାଇକୁକୁଡା ଆମକୁ ପଢ଼ାଉଥିବାର ଦେଖିବୁ ।

୧୨ଟାରେ (ଟୁଏଲ୍ଭ) : ମୁଖ୍ୟମନ୍ତ୍ରୀଙ୍କ ସହ ସାକ୍ଷାତ ।

ମାଇ(ସେଲଫ୍) : କିଏ ଭେଟିବ ? ମାଇସେଲଫ୍ ମାନେ ମୁଁ ।

ଯଦି ଆମେ ମନେରଖିବାକୁ ଚାହିଁବା କେତେବେଳେ କ'ଣ :-

ଡେନ୍ସ କ୍ଲାସ ଯିବାକୁ ହେଲେ - ପ୍ଲେଟରେ ଡେନ୍ସ କଥା ମନେ ପଡିବ କାହିଁକିନା ଏଟ୍(୪) ପାଖକୁ ନେଇଯିବ ।

ଆର୍‌ଥରକୁ ୩ଟାରେ 'ଥ୍ରୀ' ସାଂଗକୁ 'ଟ୍ରି' କଥା ମନେ ପଡୁ ପଡୁ ଗଛମୂଳେ 'ଜନ୍ମଦିନ ଉତ୍ସବ' ମନେ ପଡିଯିବ । ଏହିପରି ଦୋକାନ ବଜାର କଥା ମନେ ପଡୁ ପଡୁ କେବେ ଯିବା, ଆରାମରେ ଜାଣିହେବ ।

ଏହା ଏକପ୍ରକାର 'ଟେ-ରରି ମେମୋରୀ' ଯାହା କାମ ସରିଲା ପରେ ଆପେ ଆପେ ଉଭେଇଯିବ ।

ଥରେ ମନେକର ଉକ୍ତ ୧୨ ଟାଇମିଂ କୋଡ଼ ମନେ ରହିଗଲେ ଏହି ପଦ୍ଧତି ଅନୁସାରେ ଦିନଯାକର କାର୍ଯ୍ୟକ୍ରମ ପୂରାପୂରି ମନେ ରହିଯିବ । ଏପରି କୌଣସି ବକ୍ତବ୍ୟର ଭିନ୍ନ ଭିନ୍ନ ଅଂଶକୁ ମଧ୍ୟ ମନେରଖି ହେବ ।

ପ୍ରୟୋଗ - ୩

ମେମୋରୀ ଟ୍ରକ- ୧

ସାଧାରଣତଃ ଆମେ ସଉଦା କିଣିଯିବା ପୂର୍ବରୁ ଜିନିଷପତ୍ରର ତାଲିକାଟିଏ କରିଥାଉ । ତା'ପରେ ଏହି ତାଲିକାକୁ ନେଇ ଅନୁମାନ କରିଥାଉ ଯେ କେତେବଡ ବେଗ୍‌ଟା ଦରକାର ହେବ ।

ଏଥର ସଉଦା କିଣିଗଲେ କେବଳ ବେଗ୍ ଧରିଯିବେ, ତାଲିକାଟିକୁ ଘରେ ଭୁଲିଯିବେ ବା ଜାଣିଜାଣି ଛାଡି ଦେବେ କାହିଁକି ନା ତାଲିକାର ସବୁତକ ଜିନିଷକୁ ଆମେ 'ମେମୋରୀଟ୍ରକ୍'ରେ ଭର୍ତ୍ତି କରିପକେଇଛୁ । କିପରି ? ଧରିନିଅନ୍ତୁ ନିମ୍ନଲିଖିତ ଜିନିଷ କିଣିବାକୁ ଯିବୁ ।

୧. ସ୍କୁଲ ବେଗ୍
୨. ଟି.ଭି.
୩. ସମ୍ବାଦପତ୍ର
୪. ଗ୍ହା
୫. ଆଳୁ
୬. ଟମାଟୋ
୭. ପେନ୍‌ସିଲ
୮. ଟିଫିନ୍ କେରିୟର
୯. ଚକଲେଟ
୧୦. ବାଲ୍‌ଟି

ଏଥର ଯଦି ସବୁତକ ମନେରଖି ପାରିଲେ ତେବେ ନିଜ ସ୍ମୃତିଶକ୍ତିକୁ ପ୍ରଶଂସା କରିବା ଓ ଆସନ୍ତା ଥରକୁ ମେମୋରୀଟ୍ରକ୍ ନେବାକୁ ଭୁଲିବାନି ।

ମୁଁ ମୋ ମତରେ ଏଭଳି କଳ୍ପନା କରି ମନେରଖିବି ।

୧. **ସ୍କୁଲବେଗ୍** ଫ୍ରଣ୍ଟଲାଇଟ ପାଖରେ ଝୁଲିବ ।

୨. **ଟିଭିଟା** ବୋନଟ ପାଖରେ ପଡିଥିବ ।

୩. **ସମ୍ବାଦପତ୍ର**ରେ ୱିଣ୍ଡସ୍କ୍ରିନ୍ ସଫା ହେବ ।

୪. ଡ୍ରାଇଭରକୁ ନିହାତି **ଗୁହ୍ମା** ଦିଆଯିବ ।

୫. **ଆଳୁ** କେବିନ୍ ଉପରେ ରହିବ ।

୬. **ଟମାଟୋ** ଟ୍ରକ ଡାଲାରେ ପଡିଥିବ ।

୭. **ପେନ୍‌ସିଲ**ରେ ନିଜ ନାମ ଟ୍ରକ୍ ସାଇଡ ପେନସିଲରେ ଲେଖିବା ।

୮. **ଟିଫିନ୍ କେରିଅର** ଡିଜେଲ ଟେଙ୍କ ପାଖରେ ଥିବ ।

୯. **ଚକଲେଟ** ଟୁଲବକ୍ସରେ ଭର୍ତ୍ତି ହେଇଥିବ ।

୧୦. **ବାଲ୍‌ଟିଟା** ଟ୍ରକ୍ ଟାୟାର ମାଡ଼ିଯିବାରୁ ଲୋଗ୍ପକୋଗ୍ପ ହେବ ।

ଏଥର କିଛି ସେକେଣ୍ଡ ପାଇଁ ଆଖି ବୁଜିବା ।

* ପୁଣିଥରେ ଉକ୍ତ ଟ୍ରକ୍‌ରେ ଥିବା ଜିନିଷକୁ ମନେପକେଇବା ।
* ସବୁକୁ ମନେପକେଇ ପୁଣିଥରେ ଲେଖି ତାଲିକା କରିବା ।

୧. ଫ୍ରଣ୍ଟ ଲାଇଟରେ	୬. ଟ୍ରକଡାଲା ....
୨. ବୋନଟ ପାଖରେ	୭. ସାଇଡ ପେନଲ ....
୩. ୱିଣ୍ଡସ୍କ୍ରିନ	୮.ଡିଜେଲ ଟେଙ୍କ ....
୪. ଡ୍ରାଇଭର	୯. ଟୁଲ ବକ୍ସ ....
୫. କେବିନ	୧୦. ଟାୟାର ....

ଯଦି ସବୁକିଛି ମନେରଖି ପାରୁଛନ୍ତି ତେବେ ଆସନ୍ତା ଥରକୁ ସଉଦା ତାଲିକା ନେବା କାହିଁକି ? ବରଂ ମେମୋରୀ ଟ୍ରକ ସାଂଗରେ ନେବାକୁ ଭୁଲିବାନି ।

ପ୍ରୟୋଗ - ୪

ମେମୋରୀ ଟ୍ରକ- ୨

ହୋମ ଏସାଇନମେଣ୍ଟ

ମେମୋରୀଟ୍ରକର ଅନୁଭୂତିକୁ ନେଇ ଆମେ ଆମ ବାପାମାଙ୍କୁ ଆଶ୍ଚର୍ଯ୍ୟାନ୍ୱିତ କରିଦେଇପାରିବା ।

ପ୍ରଥମ ସୋପାନ : ବାପା-ମାଙ୍କୁ ଜିନିଷପତ୍ରର ତାଲିକା ମାଗିବା ।

ଦ୍ୱିତୀୟ ସୋପାନ : ସେସବୁ ବସ୍ତୁକୁ ନିଜ ମେମୋରୀଟ୍ରକ୍‌ରେ ଭର୍ତ୍ତି କରିଦେବା ।

ତୃତୀୟ ସୋପାନ : ବର୍ତ୍ତମାନ କିଛିକ୍ଷଣ ଆଖି ବନ୍ଦରଖି ସେସବୁ ଜିନିଷକୁ ଯଥାସ୍ଥାନରେ ଲଦି ଥିବା କଥା ଭାବନ୍ତୁ । ସେସବୁକୁ କ୍ରମାନ୍ୱୟରେ ମନେପକାନ୍ତୁ ।

୧. ଫ୍ରଣ୍ଟ ଲାଇଟରେ ....
୨. ବୋନଟ ପାଖରେ ....
୩. ଓ୍ୱିଣ୍ଡୋସ୍କ୍ରିନରେ ....
୪. ଡ୍ରାଇଭର ....
୫. କେବିନ ....
୬. ଟ୍ରକ୍ ଡାଲାରେ ....
୭. ଟ୍ରକ୍‌ର ସାଇଡ ପେନଲ ....
୮. ଡିଜେଲ ଟେଙ୍କ ....
୯. ଟୁଲ ବକ୍ସ ....
୧୦. ଟାୟାର ....

ପ୍ରୟୋଗ - ୫

ମେଣ୍ଟାଲ ଆଲାର୍ମ କ୍ଲକ୍

ଆମ ମସ୍ତିଷ୍କ ହିଁ ସବୁଠୁ ଭଲ ଆଲାର୍ମ ଘଣ୍ଟା । ଯଦି ଆମେ ସକାଳେ ଶୀଘ୍ର ଉଠିବାକୁ ଚାହୁଁ ତେବେ ନିମ୍ନଲିଖିତ ଅଭ୍ୟାସ କରିବାକୁ ହେବ ।

୧. ରାତ୍ରିରେ ଶୋଇବାର ୧୦ମିନିଟ ପୂର୍ବରୁ ଚଉକିରେ ବସିବା ।

୨. ଆଖି ବନ୍ଦ କରି, ଗଭୀର ଶ୍ୱାସ ମାରିବା ।

୩. ନିଜେ ନିଜକୁ କହିବା - 'ମୁଁ .... ଟାରେ ଉଠିବି ।'

୪. ମନେମନେ ଭାବିବା ଯେ ଆମେ ଠିକ୍ ସମୟରେ ଉଠି ନିଜକୁ ବେଶ୍ ଫୁର୍ତ୍ତି, ସଚେତନ ଓ ଉତ୍ସାହିତ ହେବା ଲକ୍ଷ୍ୟ କରୁଛୁ ।

ଉକ୍ତ ଅଭ୍ୟାସକୁ ଅନ୍ୟୁନ ଏକ ସପ୍ତାହ କଲାପରେ ଆମେ ମନମୁତାବକ ସୁଫଳ ପାଇବା ।

ପ୍ରୟୋଗ - ୬

ଲମ୍ବା ଥ୍ୟୋରି ସକାଶେ ଚିଟିଂ ମେଥଡ଼ - ୧

ଆସନ୍ତା କାଲି ପରୀକ୍ଷା । ନୂଆ ଟପିକ୍ (ପ୍ରସଂଗ) ଶିଖିବାକୁ ହେବ । ଦୁର୍ଭାଗ୍ୟବଶତ ସମୟ ନାହିଁ । କ'ଣ କରିବେ ?

ମେଥଡ - ୧ ଚିଟିଂ

କାଗଜ ଖଣ୍ଡିଟିଏ ନେବା । ନୋଟ୍ସ ତିଆରି କରି, ଭାଙ୍ଗଦେଇ ସାର୍ଟ କିମ୍ବା ପେଣ୍ଟ ପକେଟରେ ଲୁଚେଇ ରଖିବା ।

ଉକ୍ତ ମେଥଡ୍ ଫଳରେ ହୁଏତ ଆମେ ଧରାପଡ଼ି ଯାଇପାରୁ । ଧରାନପଡିଲେ ମଧ୍ୟ ମନରେ ଅସନ୍ତୋଷ ବା ଅପରାଧ ଭାବନା ଜାଗ୍ରତ ହେବ । ହୁଏତ ପସ୍ତେଇ ହେଇ ପାରନ୍ତି ।

ମେଥଡ - ୨ ଚିଟିଂ

ଧରିନିଅନ୍ତୁ କୌଣସି ଏକ ସ୍ଥାନ ବିଶେଷର ଜଳବାୟୁକୁ ପ୍ରଭାବିତ କରୁଥିବା ବା ନିୟନ୍ତ୍ରିତ କରୁଥିବା କଥା ମନେ ରଖିବାକୁ ହେବ ।

ପ୍ରଶ୍ନ : କୌଣସି ସ୍ଥାନର ଜଳବାୟୁ କାହାକାହା ଉପରେ ନିର୍ଭର ? ସଂକ୍ଷେପରେ ଲେଖନ୍ତୁ ।

ଉତ୍ତର : ନିମ୍ନଲିଖିତ ତଥ୍ୟ ଉପରେ ଜଳବାୟୁ ନିର୍ଭର ।

୧. ବଣ ଜଂଗଲ

୨. ମୃତ୍ତିକା ବା ମାଟିର ପ୍ରକାର

୩. ବିଲ୍ଡ ଅପ ଏରିଆ

୪. ସମୁଦ୍ରଠାରୁ ଦୂରତ୍ୱ

୫. ସେ ଅଂଚଳର ପାହାଡ-ପର୍ବତ

୬. ପବନର ଦିଗ

୭.	ସେ ଅଂଚଳରେ ଥିବା ଜଳଭାଗ
୮.	ମେଘ
୯.	କିଭଳି କଳକାରଖାନା ଅଛି

ଉତ୍ତର ମନେ ରଖିବାକୁ ଚିଟିଂ ମେଥଡ ଅନୁସରଣ କରନ୍ତୁ ।

ପ୍ରଥମ ସୋପାନ :- ନିଜକୁ ଏକ ପରୀକ୍ଷା କେନ୍ଦ୍ରରେ ଥିବା ମନେକରି ନିମ୍ନଲିଖିତ ଜିନିଷ କେଉଁଠି ଅଛି, ଆସନ୍ତୁ ଖୋଜିବା -

୧.	ଦୁଆର
୨.	ବ୍ଲେକ ବୋର୍ଡ
୩.	ଟାଇମ ଟେବୁଲ
୪.	ସୁଇଚ ବୋର୍ଡ
୫.	ଝରକା
୬.	ଶିକ୍ଷକଙ୍କ ଚଉକି

୭.   ଶିକ୍ଷକଙ୍କ ଟେବୁଲ

୮.   ଛାତ୍ର

୯.   ପଙ୍ଖା

୧୦.   ଲାଇଟ (ବିଜୁଳିବତୀ)

୧୧.   ଛାତ

ଦ୍ୱିତୀୟ ସୋପାନ : ଏଥର ଆମ ୯ଟି ଉତ୍ତରକୁ କ୍ରମାନ୍ୱୟରେ ଉଲ୍ଲିଖିତ ବସ୍ତୁମାନଙ୍କ ମଧ୍ୟରେ ସଜେଇବା ମନେ ମନେ ଏସବୁକୁ ଆଙ୍କି ରଂଗ ଦେବା ।

ଉଦାହରଣ ସ୍ୱରୂପ :

୧. **ବଣ ଜଂଗଲ** – ଦୁଆର ପାଖରେ ଘନ ଅରଣ୍ୟ ଥିବା କଥା ମନେମନେ କଳ୍ପନା କରିବା ।

୨.   **ମୃତ୍ତିକାର ପ୍ରକାର** – ଭାବିବା କଳାପଟାଟା ମାଟିରେ ତିଆରି ।

୩.   **ବିଲଡ୍ ଅପ ଏରିଆ** – ଶିକ୍ଷକଙ୍କ ଚଉକିରେ ବିଲ୍‌ଡିଂଟିଏ ଧରାଯାଉ।

୪.   **ସମୁଦ୍ରଠାରୁ ଦୂରତା** –ଶିକ୍ଷକଙ୍କ ଟେବୁଲରେ ସମୁଦ୍ରଟିଏ କଳ୍ପନା କରିବା ।

୫. **ସେ ଅଂଚଳର ପାହାଡପର୍ବତ**–ଝରକା ବାହାରେ ଦିଶୁଥିବା ପର୍ବତଶ୍ରେଣୀ ।

୬. **ପବନର ଦିଗ** –ମନେକରନ୍ତୁ ଟାଇମ ଟେବୁଲଟା ପବନରେ ଉଡ଼ି ଯାଉଛି।

୭. **ଜଳଭାଗ** – ଛାତ୍ରମାନେ ନିଜ ନିଜ ବୋତଲରୁ ପାଣି ପିଉଛନ୍ତି ।

୮. **ମେଘ** – ମେଘସବୁ ସୁଇଚବୋର୍ଡ ସହ ସଂଶ୍ଳିଷ୍ଟ, ସତେକି ସୁଇଚ୍ ଟିପିନେଲେ ମେଘ ଆସିବ ଆଉ ସୁଇଚ୍ ବନ୍ଦ କରିଦେଲେ ମେଘସବୁ ଉଭେଇଯିବ ।

୯. **କଳକାରଖାନା** – ଶ୍ରମିକମାନେ ହାଲିଆ ହୋଇ ପଙ୍ଖା ତଳେ ବସି ବିଶ୍ରାମ କରୁଛନ୍ତି ।

ଏଥର ଏପଟ ସେପଟ ଦେଖି ଉପରୋକ୍ତ ୯ଟି ଉତ୍ତର ଖୋଜି ଲେଖିବା ।

୧. ଦୁଆର

୨. ବ୍ଲେକ ବୋର୍ଡ

୩. ଟାଇମ ଟେବୁଲ

୪. ସୁଇଚ ବୋର୍ଡ

୫. ଝରକା

୬. ଶିକ୍ଷକଙ୍କ ଚଉକି

୭. ଶିକ୍ଷକଙ୍କ ଟେବୁଲ

୮. ଛାତ୍ର

୯. ପଙ୍ଖା

୧୦. ଲାଇଟ

ଏଥର ପରୀକ୍ଷା ହଲରେ ବସିବା କ୍ଷଣି ଆଖପାଖରେ ଥିବା ଉପରୋକ୍ତ ବସ୍ତୁ ଯଥା : ବ୍ଲେକବୋର୍ଡ, ମେଜ, ଚଉକି ଆଦି ଦେଖିଲା ମାତ୍ରେ ଉତ୍ତରଗୁଡିକ ଆପେ ଆପେ ମନେପଡ଼ିଯିବ ନା କ'ଣ କହୁଛନ୍ତି ?

ପ୍ରୟୋଗ - ୬

ଲମ୍ବା ଥେୟାରି ସକାଶେ ଚିଟିଂ ମେଥଡ୍-୨

ନିଜ ମନମୁତାବକ ଯେ କୌଣସି ବିଷୟବସ୍ତୁ ବା ପ୍ରସଙ୍ଗ କଥା ଚିନ୍ତା କରନ୍ତୁ ; ସେଥିରେ ଦଶଗୋଟି ବିନ୍ଦୁ (Point) ଥିବ । ଯାହା ଏପର୍ଯ୍ୟନ୍ତ ମନେରଖି ନାହିଁ ।

ବର୍ତ୍ତମାନ ସେସବୁ ତଥ୍ୟକୁ ଚିଟିଂ ମେଥଡ ଅନୁସାରେ ସଜାଅ । ତା'ପରେ ମନେପକେଇ ନିମ୍ନଲିଖିତ ଶୂନ୍ୟସ୍ଥାନ ପୂରଣ କର ।

୧. ଦୁଆର

୨. ବ୍ଲେକ ବୋର୍ଡ

୩. ଟାଇମ ଟେବୁଲ

୪. ସୁଇଚ ବୋର୍ଡ

୫. ଝରକା

୬. ଶିକ୍ଷକଙ୍କ ଚଉକି

୭. ଶିକ୍ଷକଙ୍କ ଟେବୁଲ

୮. ଛାତ୍ର

୯. ପଙ୍ଖା

୧୦. ଲାଇଟ

ଏତଏବ ଆମେ ଦେଖିଲୁ ଯେ ସବୁତକ ଉତ୍ତରକୁ ଆମେ କିଭଳି ସହଜରେ ମନେରଖି ପାରିଲୁ ।

ପ୍ରୟୋଗ - ୮

ଏନ୍‌ସାଇକ୍ଲୋପିଡ଼ିଆ କିପରି ମନେରଖିବା-୧

ଅଧିକାଂଶ ସମୟରେ ଏମିତି ହୁଏ ; ଆମେ କୌଣସି ଲମ୍ବା ନାମ, ବୈଜ୍ଞାନିକ ସୂତ୍ର, କୌଣସି ନୂତନ ଭାଷାର ଶବ୍ଦ ବା ମୁଦ୍ରାର ନାମ ମନେରଖିବାକୁ ହେଲେ ବହୁ ଅସୁବିଧାର ସମ୍ମୁଖୀନ ହେବାକୁ ପଡ଼ିଥାଏ । ଆମେ କୌଣସି ନୂଆ ଶବ୍ଦ ଶିଖିବାକୁ ହେଲେ ଅନେକ ଥର ଘୋଷିବାକୁ ପଡ଼ିଥାଏ । ଘୋଷିବା ସତ୍ତ୍ୱେ ମଧ୍ୟ ଆମେ ଉକ୍ତ ଶବ୍ଦକୁ ଭୁଲି ଯାଇଥାଉ । ମଣିଷର ମସ୍ତିଷ୍କ ଏକ ବୃହତ୍ ଟେଙ୍କ ସଦୃଶ ; କିନ୍ତୁ ତଥାପି ଏହା ସେହି ଶବ୍ଦମାନଙ୍କୁ ଗ୍ରହଣ କରିଥାଏ, ଯାହା କୌଣସି ରୂପରେ ଆମ ମସ୍ତିଷ୍କରେ ପୂର୍ବରୁ ମହଜୁଦ ଥାଏ । ଶବ୍ଦାନ୍ତରରେ କହିବାକୁ ଗଲେ ଉକ୍ତ ଶବ୍ଦ ସହ ସଂଶ୍ଳିଷ୍ଟ କୌଣସି ଥ୍ରିଡିଚିତ୍ର କୌଣସି ଚିହ୍ନ ପରିଚୟ, ଶବ୍ଦ ସହ ତାରତମ୍ୟ ବା କୌଣସି ପ୍ରକାର କାଳ୍ପନିକ ଚିତ୍ର ଥିବା ଏକାନ୍ତ ଆବଶ୍ୟକ ।

କିନ୍ତୁ ବାସ୍ତବରେ ଆମକୁ କେତେକ ନୂଆ ଓ ଅଜଣା ଶବ୍ଦ ମଧ୍ୟ ଶିଖିବାକୁ ପଡ଼ିଥାଏ । ଏଥର ମୁଁ ଆପଣଙ୍କୁ କହିବାକୁ ଯାଉଛି ଯେ ଅଜଣା ଓ କଷ୍ଟ ଶବ୍ଦଗୁଡିକ ଦୀର୍ଘ ସମୟଧରି ନିଜ ମନମସ୍ତିଷ୍କରେ କିପରି ଧରିରଖି ପାରିବା; ଏଥିପାଇଁ ସାମଞ୍ଜସ୍ୟ ଓ କଳ୍ପନା ଶକ୍ତିକୁ କିଭଳି ବିନିଯୋଗ କରିପାରିବା ।

ଆମେ ଏଥି ସକାଶେ ପି.ଏମ୍.ଏସ୍. (ପର୍ସନାଲ ମେମୋରୀ ସିଷ୍ଟମ)କୁ ପ୍ରୟୋଗ କରିବା ବର୍ତ୍ତମାନ । 'କିରଣ' ଶବ୍ଦ କହିଲେ ଆମେ କୌଣସି ଝିଅର ନାମ କିମ୍ବା ସୂର୍ଯ୍ୟାଲୋକକୁ ବୁଝିଥାଉ । ଏହା ଆମକୁ 'ଡର' ହିନ୍ଦୀ ଫିଲ୍ମର 'କ.. କ..କିରଣ' କଥା ମନେପକେଇ ଦେବ । ଆପଣଙ୍କ ମନେ ଥାଇପାରେ ଯେ,ଉକ୍ତ ଫିଲ୍ମର ହିରୋ,ହିରୋଇନର ନାମକୁ କିଭଳି'କ..କ..କିରଣ' କହିଥିଲା । ଆମେ କୌଣସି ଶବ୍ଦକୁ ଖଣ୍ଡ ଖଣ୍ଡ କଲାବେଳେ (ଶବ୍ଦଖଣ୍ଡ)ର ଅର୍ଥ ପୂରାପୂରି ବଦଳିଯାଏ ଓ ଅନ୍ୟ ଏକମାତ୍ର ଚିତ୍ର ମନରେ ଆଙ୍କି ହୁଏ । କ'ଣ କ'ଣ ଶବ୍ଦ ଶୁଣିଲାବେଳେ ଏପରି ମନେ ହୁଏନି କି ଯେ, ଏକ 'କି'(Key) 'ରନ୍' (ଦୌଡି) ପଳାଉଛି ? ଶବ୍ଦମାନଙ୍କରେ ଏଭଳି ସ୍ୱତନ୍ତ୍ର ତଥ୍ୟ ପାଇହେବ , ଯଦି ଆମେ ଟିକେ ମୁଣ୍ଡ ଖେଳେଇବୁ ତା'ହେଲେ ତାହା ଆପେ ଆପେ ସରଳତର ହେଇ ସହଜରେ ମନେ ରହିଯିବ । ଆମେ ପ୍ରତ୍ୟେକ ଅଜଣା ଶବ୍ଦରୁ ମଧ୍ୟ ଜଣାଶୁଣା ବା ପରିଚିତ କାଳ୍ପନିକ ଚିତ୍ର ଆଙ୍କି ପାରିବା । ଏହି ମେଥଡ୍ ବଳରେ ଆମେ ଯେକୌଣସି ଶବ୍ଦକୁ ଖୁବ୍ ଶୀଘ୍ର ଓ ଦୀର୍ଘ ସମୟ ଧରି ନିଜ ମାନସପଟଳରେ ଲିପିବଦ୍ଧ କରି ପାରିବା । ଏହା ଆମକୁ ଆଜୀବନ ସାହାଯ୍ୟ କରିବ ।

ଏହି ମେଥଡ ବଳରେ ଆମେ ଖୁବ୍ ସହଜରେ ବିଭିନ୍ନ ସ୍ଥାନରୁ ମିଳୁଥିବା ଖଣିଜ ଦ୍ରବ୍ୟଗୁଡିକୁ ମନେରଖିପାରିବା । ଯଦି କୋଇଲା ଶବ୍ଦଟି କୁହାଯାଏ, ତେବେ ସହଜରେ ତାକୁନେଇ ମନରେ ଚିତ୍ରଟିଏ ଅଙ୍କାଯାଇପାରେ; କିନ୍ତୁ କୋଇଲା, ରାଣୀଗଞ୍ଜଠାରେ ମିଳେ କହିଲେ ବୋଧହୁଏ ରାଣୀଗଞ୍ଜକୁ ନେଇ ଚିତ୍ରଟିଏ ଆଙ୍କିବା ସେତେ ସହଜ ହେବନି । କାହିଁକିନା ମସ୍ତିଷ୍କରେ ରାଣୀଗଞ୍ଜର କୌଣସି ଚିତ୍ର ଆଗରୁ ନଥିବ । ଏପରି ଅନେକ ଶବ୍ଦ ଅଛି । ଆସନ୍ତୁ, ତଳ ଲିଖିତ ଚ୍ଚାର୍ଟ ପ୍ରତି ଦୃଷ୍ଟି ଦେବା ।

ଷ୍ଟିଲ	ରାଉରକେଲା
ସିମେଣ୍ଟ	କଟନି
ପିତ୍ତଳ ବାସନ	ମୁରାଡାବାଦ
HMTର ଫେକ୍ଟ୍ରି	ପିଞ୍ଜୋର
କୋଇଲା	ଝରିଆ

ଷ୍ଟିଲ, ସିମେଣ୍ଟ, ପିତ୍ତଳ ବାସନ ଓ HMT ଫେକ୍ଟ୍ରି ଶବ୍ଦ ଶୁଣିଲା କ୍ଷଣି ମନରେ ଏକ ପରିଚିତି ପାଇ ହେଉଛି କିନ୍ତୁ ରାଉରକେଲା, କଟନି, ମୁରାଜାବାଦ କିମ୍ବା ପିଞ୍ଜୌର ଶବ୍ଦ ଦ୍ୱାରା ମସ୍ତିଷ୍କରେ କୌଣସି ଚିତ୍ର ଆଙ୍କି ହେଉନି । ପି.ଏମ୍.ଏସ. (ପର୍ସନାଲ ମିନିଂ ସିଷ୍ଟମ) ସହାୟତାରେ ଆମେ ଉକ୍ତଶବ୍ଦଗୁଡିକର କାଳ୍ପନିକ ଚିତ୍ର ତିଆରି କରିପାରିବା, ଆସନ୍ତୁ ; ଉଦାହରଣ ସହ ଏହି ମେଥଡକୁ ବୁଝିବାକୁ ଚେଷ୍ଟା କରିବା ।

କୋଇଲା - ରାଣୀଗଞ୍ଜ

ପି.ଏମ.ଏସ : ରାଣୀଗଞ୍ଜ । ରାନୀ (ମୁଖାର୍ଜି) - ଗଞ୍ଜା (କୁକୁଡାଗଞ୍ଜା) ରାନୀ ମୁଖାର୍ଜି କୁକୁଡାଟିକୁ ଧରିବାକୁ ଚେଷ୍ଟା କରୁଥିଲେ । କିନ୍ତୁ ସେ ଧରା ଦେଉ ନଥିଲା । ମୁଁ ଧରିଦେଇ ତାଙ୍କୁ ଦେଲି । ତା'ପରେ କୁକୁଡ଼ାଗଞ୍ଜାକୁ ମାରି (କୋଇଲା)ରେ ରୋଷେଇ କରି ଖିଆଗଲା ।

ଷ୍ଟିଲ - ରାଉରକେଲା

ପି.ଏମ.ଏସ : ରାଉରକେଲା । ରାଉତ-କଲା । ମନରେ ଚିତ୍ର ଆଙ୍କିବା ଯେ ବାଜିରାଉତ କ'ଣ କଲା ? ଇଂରେଜମାନଙ୍କୁ କିପରି ଡଙ୍ଗାରେ ନଇପାରି କରିବାକୁ ମନା କରିଦେଲା । ଶେଷରେ ଗୁଳି ଖାଇ ଦେଶ ପାଇଁ ଜୀବନ ଦେଲା । ସେ ଗୁଳିଟା କ'ଣ 'ଷ୍ଟିଲ'ରେ ତିଆରି ? ଯଦି ତା' ଛାତି 'ଷ୍ଟିଲ'ର ହେଇଥାନ୍ତା । ତେବେ ସେ କ'ଣ ମରିଥାନ୍ତା କି ? - ଏଭଳି ।

ସିମେଣ୍ଟ - କଟନି

ପି.ଏମ.ଏସ : କଟନି । କଟ-ନି ଅର୍ଥାତ୍ (CUT-KNEE) । ମନେମନେ ଚିତ୍ର ଆଙ୍କିବା ଯେ ଆଣ୍ଠୁଟା କଟିଯାଇଛି । ଆମେ ଡାକ୍ତରଙ୍କ ପାଖରେ ଯାଇ ପହଞ୍ଚିଲୁ । କିନ୍ତୁ ସେ ସିମେଣ୍ଟ ଦେଇ ଗୋଡକୁ ପ୍ଲାଷ୍ଟର କରିଦେଲେ । ଯଦ୍ୱାରା ଓଜନ ବେଶି ହେବାରୁ ଚଲାବୁଲା କରିବାରେ ଅସୁବିଧା ହେଉଛି ।

ପିତ୍ତଳ - ମୁରାଜାବାଦ

ପି.ଏମ.ଏସ : ମୁରାଜାବାଦ

ମୁର୍ଦାବାଦ । ମନେମନେ ଚିତ୍ର ଆଙ୍କିବା କିଛି ଲୋକ ବିରୋଧ ପ୍ରଦର୍ଶନ କରି ନେତାଜୀ - ମୁର୍ଦାବାଦ ମୁର୍ଦାବାଦ କହି ପିତ୍ତଳର ଘଣ୍ଟ ବା ଥାଳି ବଜେଇ ଚାଲିଛନ୍ତି ।

ଏଚ.ଏମ.ଟି - ପିଞ୍ଜୌର

ପି.ଏମ.ଏସ : ପିଞ୍ଜୌର । **ପିନ୍-ଜୋର ବା ଯୋଡ଼** । କଳ୍ପନା କରି ଚାଲିବା ମନରେ ଯେ, HMT ଘଣ୍ଟା କାରଖାନାରେ ଅନେକ ଶ୍ରମିକ କାମ କରୁଛନ୍ତି । ସମସ୍ତେ ଘଣ୍ଟାରେ ପିନ୍-ଯୋଡ଼ କହି ଘଣ୍ଟା ତିଆରି କରି ଚାଲିଛନ୍ତି ।

ଏଥର ଆମେ ପି.ଏମ.ଏସ(PMS)କୁ ବ୍ୟବହାର କରି ଶିଖିଲୁ । ଏଥର ଯଦି ମୁଁ ପ୍ରଶ୍ନ କରେ ଯେ 'ରାଣୀଗଞ୍ଜ' ଓ 'ମୁରାଜାବାଦ'ରେ କ'ଣ କ'ଣ ମିଳେ ? ସିମେଣ୍ଟ କେଉଁଠି ତିଆରି କରାଯାଏ ? ତେବେ ମୁଁ ଆଶା କରିବି ଯେ, ଆପଣ ନିଜ ମନ ମସ୍ତିଷ୍କରେ ଆଙ୍କିଥିବା ଚିତ୍ରାନୁସାରେ ଉକ୍ତ ପ୍ରଶ୍ନଗୁଡିକର ସଠିକ୍ ଉତ୍ତର ଦେବାରେ ସକ୍ଷମ ହେବେ । ଏଭଳି **କୋଇଲା-ଝରିଆକୁ** ନେଇ ମନରେ ଯେକୌଣସି ଏକ କାଳ୍ପନିକ ଚିତ୍ର ଆଙ୍କି ମନେ ରଖିବାକୁ ଚେଷ୍ଟା କରନ୍ତୁ ।

ନିଜ କଳ୍ପନାଶକ୍ତି ବଳରେ ଆମେ ଏଭଳି ବିଭିନ୍ନ ବସ୍ତୁକୁ ନେଇ ସାର୍ଥକ ଓ ଚିର ପରିଚିତ ମାନସିକ ଚିତ୍ର ଆଙ୍କି ପାରିବା । ଯେକୌଣସି ବସ୍ତୁକୁ ମନେରଖିବାକୁ ହେଲେ ନିଜ ସାଙ୍ଗସାଥୀ, ସ୍ଥାନ, କାଳ, ପାତ୍ର, ସ୍ଥିତି-ପରିସ୍ଥିତି ସୁବିଧାନୁସାରେ ପ୍ରୟୋଗ କରାଯାଇପାରେ ।

ପ୍ରୟୋଗ - ୯

ଏନ୍‌ସାଇକ୍ଲୋପିଡ଼ିଆ କିପରି ମନେରଖିବା -୨

ଯଦି ମୁଁ ଆପଣଙ୍କୁ ବୁଲ୍‌ଗାରିଆ ଦେଶ କଥା ଭାବିବାକୁ କହେଁ ତେବେ PMS ମେଥଡ ଅନୁସାରେ ଏହାକୁ ଖଣ୍ଡଖଣ୍ଡ କରାଯିବ । ଯଥା : ବୁଲ-ଗା-ରିଆ ଅର୍ଥାତ୍ ବୁଲ (ବଳଦଟିଏ) ଗୀତ ଗାଉଛି । ଏହା ସହ ସୋଫିଆ ଶବ୍ଦ ସଂଶ୍ଲିଷ୍ଟ କଲେ ଆମେ ସୋଫିଆ (ସୋଫା) । ଏଥର ବଳଦଟିଏ ବସି ଗୀତ ଗାଉଛି । ଏପରି ଆମେ ବୁଝିବା ଯେ ସୋଫିଆ ହେଉଛି ବୁଲଗାରିଆର ରାଜଧାନୀ ।

PMS ମେଥଡ ଆମକୁ ଉତ୍ତରର ଏତେ ନିକଟବର୍ତ୍ତୀ କରିଦିଏ ଯେ, ଆମେ ଭୁଲିପାରିବା ନାହିଁ । ଏହି ମେଥଡ ଅନୁସାରେ ବିଭିନ୍ନ ଦେଶର ନାମ, ରାଜଧାନୀ, ମୁଦ୍ରା, ସଂବିଧାନ ବା ଅନ୍ୟକିଛି ତଥ୍ୟ ମନେରଖି ହେବ । ଏପରିକି ଜଟୀଳ ରାସାୟନିକ ସମୀକରଣ ବା ଜୀବବିଜ୍ଞାନର ସୂତ୍ରାଦି ମଧ୍ୟ ଏହି ପଦ୍ଧତି ଅନୁସାରେ ମନେରଖି ହେବ । ଆସନ୍ତୁ ଦେଖିବା ନିମ୍ନଲିଖିତ କେତେକ ଉଦାହରଣ :-

ଜର୍ମାନୀ= ଜର୍ମ ମେନି= ଜର୍ମ (ଅନେକ କୀଟାଣୁ)

ଇରାନ୍= ଆଇ ରେନ= ମୁଁ ଦୌଡିଲି ।

ଇସ୍ରାଇଲ= ଇସ-ରେଲ= ଏଇ ରେଲରେ ଆସୁଛନ୍ତି ।

ଜାପାନ= ଜା-ପାନ= ଯା, ପାନ ଆଣ ।

ମାଲେସିଆ= ମାଲା (ମଲା)-ଏସିଆ= ମୃତ ଏସିଆ ।

ସ୍ପେନ= ଇସ-ପେନ୍= ଆଃ କି କଷ୍ଟ ।

ସ୍ୱିଡେନ= ସ୍ୱିଟ-ଡେନ= ମଧୁର ଗୁମ୍ଫା ।

ଡେନମାର୍କ= ଡେନ୍‌ରେ ମାର୍କ= ଗୁମ୍ଫା ଚିତ୍ର ।

ଦେଖିଲ ତ ! ଆମେ ସେସବୁ ଶବ୍ଦଗୁଡିକୁ ଖଣ୍ଡଖଣ୍ଡ କରି କିପରି ନୂଆ ଅର୍ଥ ବାହାର କଲେ ! ଏଥର ସେ ଦେଶଗୁଡିକର ପାର୍ଲିଆମେଣ୍ଟକୁ ନେଇ ନୂଆ ପ୍ରୟୋଗ କରିବା । ଯଥା : ଜାପାନର ପାର୍ଲିଆମେଣ୍ଟକୁ ଡାଇଟ କହନ୍ତି । ଏଥର ଭାବିବା ଜଣେ ସାଂସଦ ଅନ୍ୟ ଜଣକୁ କହିବ ଯା-ପାନ ଆଣ, ମୁଁ ପରା ଡାଇଟିଂ କରୁଛି।

PMS ସ୍ପେନ = ମେଡ୍ରିଡ଼ ଇସପେନ (କଷ୍ଟ) ମେଡ (ପାଗଳ) ରିଡ (ପଢ଼ିବା)= ଏଇ କଷ୍ଟ ପାଇ ପାଗଳ ଜଣକ ପଢ଼ିବ କି !

ଜର୍ମାନୀ - ବଣ୍ଡଷ୍ଟେଗ

ଜର୍ମାନୀ - ଜର୍ମ ମେନୀ : ମେନି ଜର୍ମସ୍

ବଣ୍ଡଷ୍ଟେଗ - ବଣ୍ଡସ-ଟେଗ :

PMS : ଅନେକ ଗୁଡ଼ିଏ ଜୀବାଣୁକୁ ଟେଗ ସାହାଯ୍ୟରେ ବାନ୍ଧି ଦିଆଯାଇଛି ତଥାପି ସେମାନେ ସେଥିରୁ ପଦାକୁ ଗ୍ଳି ଆସୁଛନ୍ତି । ଆସନ୍ତୁ, ଏଥର କେତୋଟି ଦେଶ ଓ ତା'ର ରାଜଧାନୀକୁ ମନେ ରଖିବାକୁ ଚେଷ୍ଟା କରିବା ।

ଦେଶ	**ରାଜଧାନୀ**
ଅଂଗୋଲା	ଲୁଆଣ୍ଡା

ଯଦି ଆମେ ଏହାକୁ ଭାଙ୍ଗୁ ତେବେ କ'ଣ ପାଇବା ? 'ଅଂଗ ଗୋଲା' ଓ 'ଲୁହା ଅଣ୍ଡା' । ଏଥର କଳ୍ପନା କରିବା ଯେ, ଆମ ଅଂଗରୁ ଏକ ଗୋଲା ବାହାରୁଛି ଓ ଦେଖୁ ଦେଖୁ ତାହା ଲୁହା ଖଣ୍ଡରେ ପରିଣତ ହେଇଯାଉଛି ।

ଦେଶ	**ରାଜଧାନୀ**
ଗ୍ରେନେଡ	ସେଣ୍ଟଜର୍ଜ

କଳ୍ପନା କରିବା ଯେ ଜଣେ (Saint) ସନ୍ଥ ପ୍ରେସିଡେଣ୍ଟ ଜର୍ଜ (W.Bush) ଙ୍କୁ ଗ୍ରେନେଡ ସହାୟତାରେ ଆକ୍ରମଣ କରିଛି ଆଉ ଆପଣ ତାଙ୍କୁ ରକ୍ଷା କରିବା ପାଇଁ ଚେଷ୍ଟା କରୁଛନ୍ତି ।

ଏଭଳି କଳ୍ପନା କଲାବେଳେ ନିଜେ ମଧ୍ୟ ସେଥିରେ ଅଂଶଗ୍ରହଣ କରିବାକୁ ଚେଷ୍ଟିତ ହେବେ । ଅଂଶୀଦାର ହେଲେ ହିଁ କିଛି ଭୂମିକା ଥିବ, ଆଉ ତାକୁ ଦୀର୍ଘ ସମୟ ଧରି ମନେରଖିବା ସହଜ ହେବ । ଆଉ ଏକ ଉଦାହରଣ ଦେଖିବା :-

ଦେଶ	ରାଜଧାନୀ
ହଂଗରୀ	ବୁଢ଼ାପେଷ୍ଟ
ହଂଗ୍ରୀ	ବୁଢ଼ା-ପେଷ୍ଟ

ଏଥର ଆମେ ଅତି ସହଜରେ ଚିତ୍ରଟେ ଆଙ୍କି ପାରିବା ଯେ 'ହଂଗ୍ରୀ' ବୁଢ଼ାଟିଏ 'ପେଷ୍ଟ' ଖାଉଛି ।

ଆସନ୍ତୁ, ଏଥର କେତେକ ରାସାୟନିକ ପରିବର୍ତ୍ତନ କଥା ଦେଖିବା-

Nelson Cell Manufacturing of NaOH

Nelson Mandela NaO (ନାଓ)

Nelson ଶବ୍ଦ ଶୁଣିଲା କ୍ଷଣି ମସ୍ତିଷ୍କରେ ପରିଚିତଟିଏ ସ୍ପଷ୍ଟ ହେଉନି କି ? ହଁ, ଦକ୍ଷିଣ ଆଫ୍ରିକାର ନେତା 'ନେଲସନ ମଣ୍ଡେଲା' କଥା ହିଁ ଭାବୁଛୁ । ହୁଏତ, ଅନେକ ତାଙ୍କୁ ଜାଣି ନପାରନ୍ତି ହେଲେ ଏଥିରେ ବ୍ୟତିବ୍ୟସ୍ତ ହେବାର କିଛି ନାହିଁ । ନିଜ ସୁବିଧା ଓ ସୁଯୋଗ ଦୃଷ୍ଟିରୁ ଯେ କୌଣସି ଶବ୍ଦ ଓ ଅର୍ଥ ଖୋଜା ଯାଇପାରେ । ଆମ ମସ୍ତିଷ୍କଠାରେ ଅନନ୍ତ ସାମର୍ଥ୍ୟ ଗଚ୍ଛିତ । ତାକୁ ସଦ୍‌ବିନିଯୋଗ କରିପାରିବା ହିଁ ବାହାଦୁରୀ ।

ହୁଏତ, Nelson କୁ ଆମେ Nail Son କରି 'ନଖ' ଓ 'ପୁଅ' ମଧ୍ୟ କରି ପାରିବା । ନେଲସନ ସେଲର ରାସାୟନିକ ପରିବର୍ତ୍ତନ ଫଳରେ NaOH ମିଳେ। PMS :- ଆମ ମାନସିକ ଚିତ୍ର ହେଇପାରେ ନେଲସନ ମଣ୍ଡେଲା (ନାଓ) ବର୍ତ୍ତମାନ ଆମ ସମ୍ମୁଖରେ । ସେ Hand ହାତ ବଢ଼େଇବାରୁ ମୁଁ ତାଙ୍କୁ Handshake କଲି । କିମ୍ବା, Nail Son ନେଲେ 'ପୁଅ'ଟାକୁ 'ନଖ' କାମୁଡୁ ଥିବାର ଦେଖି ମୁଁ Na ନା-ନା କଲି ; O ଓ H ହାତ ଧରି ଟାଣିଆଣି ମନା କରିଦେଲି ।

ଉଦାହରଣ :-

Parkes Process	Manufacturing of Ag (ରୁପା)
ପାର୍କ	Agni (ନିଆଁ)

ଏଥର କଳ୍ପନା କରିବା ଯେ, ଘର ସାମନାରେ ଥିବା ପାର୍କରେ ନିଆଁ ଲାଗିଯାଇଛି । ଆମେ ସାହାଯ୍ୟ ପାଇଁ ପାଟି କରୁଛୁ । ଆସ ..... ଧାଇଁ ଆସ ..... ନିଆଁ ଲାଗିଛି ନିଆଁ .... !

ଆମେ ପ୍ରଥମରୁ ଜାଣିରଖିବା ଦରକାର ଯେ ସିଲ୍‌ଭର ଅର୍ଥାତ୍ ରୁପାକୁ Ag ଲେଖାଯାଏ । ଆମେ ଅନ୍ୟ ଚିତ୍ରଟେ ମଧ୍ୟ ମନରେ ଆଙ୍କି ପାରିବା ଯଥା : ଘର ସମ୍ମୁଖରେ ଥିବା ପାର୍କ (ବଗିଚା)ରେ ଅନେକ ଗଛଲତା, ବେଞ୍ଚ ଓ ଦୋଳି ଅଛି ; ସେସବୁ ରୁପାରେ ତିଆରି । ଇତ୍ୟାଦି ... ।

ପ୍ରୟୋଗ - ୧୦

ସେ ଡିକ୍ସନେରୀକୁ କିପରି ମନେରଖି ପାରିଲେ ?

ଆଜିକାଲି ସମସ୍ତେ ଉତ୍ତମ କଥୋପକଥନର ଗୁରୁତ୍ୱ ବୁଝିଲେଣି । କିଛି ଦିନ ତଳେ ହେଇଥିବା ଅଧ୍ୟୟନରୁ ଜଣାପଡିଛି ଯେ ଜଣେ ବ୍ୟକ୍ତିର ଶବ୍ଦ ଭଣ୍ଡାର ଯେତେ ସମୃଦ୍ଧ ସେ ସେତେ ଉଚ୍ଚକୋଟୀର ଶିକ୍ଷା, ବ୍ୟବସାୟ ବା ନିଜ ଜୀବନକୁ ଭଲକରି ଗଢ଼ି ତୋଳିବାରେ ସମର୍ଥ । କିନ୍ତୁ ସାଧାରଣତଃ ଆମେ ଦେଖିଥାଉ ଯେ ନୂଆ ଶବ୍ଦ ମନେ ରଖିଥିଲେ ମଧ୍ୟ ପ୍ରୟୋଗ ଅଭାବରୁ କାଳକ୍ରମେ ତାହା ଭୁଲି ହେଇଯାଇଥାଏ । ଏଣୁ ମନେରଖିବା ପଦ୍ଧତି ବ୍ୟତୀତ ଆମକୁ ଆଉ କ'ଣ କରିବାକୁ ପଡ଼ିବ ? ଦେଖିବା !

'ନୀରଜା' ନାମକ ମହିଳା ଜଣକ ଏହି କୌଶଳ ବଳରେ ମାତ୍ର ଛଅ ମାସ ମଧ୍ୟରେ ଅକ୍ସଫୋର୍ଡ ଇଂଲିଶ-ହିନ୍ଦୀ ଡିକ୍ସନାରୀକୁ ସଂପୂର୍ଣ୍ଣ ଭାବେ ମନେରଖି ପାରିଥିଲେ ।

ଏହି ଅଧ୍ୟାୟରେ ପ୍ରଯୁକ୍ତ ଶବ୍ଦ ସାଂଗକୁ ଦତ୍ତ ନିମନିକ ଡିଭାଇସ ଆମକୁ ଶବ୍ଦର ଅର୍ଥ ମନେରଖିଥିବାରେ ବିଶେଷ ସହାୟକ ସିଦ୍ଧ ହେବ । ଦୟାକରି, ମନେ ରଖନ୍ତୁ ଯେ, ଏଠାରେ ଦିଆଯାଇଥିବା 'ବ୍ୟୁତ୍ପତ୍ତି' ଏକ ପ୍ରକାର ଖେଳ କହିଲେ ଚଳେ । ଏହା ପାଇଁ କୌଣସି ନିୟମ ନାହିଁ । ଏପରି ଖେଳ ଆମେ ଆମ କଳ୍ପନାଶକ୍ତି ତଥା ସାଧାରଣ ବୁଦ୍ଧିବଳରେ ମଧ୍ୟ ଖେଳି ପାରିବା ।

ଗତ ଅଧ୍ୟାୟରେ ଆମେ (PMS) ମେଥଡ ଅନୁସାରେ ନୂତନ ଶବ୍ଦକୁ ମନେରଖିପାରିଥିଲେ । ଏଥିରେ ମଧ୍ୟ ଉକ୍ତ ମେଥଡକୁ ପ୍ରୟୋଗ କରି ଶବ୍ଦକୋଶର ନୂଆ ନୂଆ ଶବ୍ଦକୁ ମନେରଖି ହେବ । ସାମଗ୍ରିକ ଭାବେ କହିବାକୁ ଗଲେ ଶବ୍ଦଭଣ୍ଡାର ବୃଦ୍ଧି ସକାଶେ ଏହା ଏକ ପ୍ରଭାବକାରୀ ପ୍ରକୃଷ୍ଟ ପଦ୍ଧତି ।

1.catalyst- n.- something that incites activity

2.Arid- adj. dry

arid
air-it

3. Miasma - n.- thick heavy fog

Miasma

My asthma

There lived a heavy thick fog
With his mom and snow dog.
Mom said on Christmas eve
Go outside 'my kid'.
He said 'no dear ma'
I'm suffering from my asthma.

4. Kowtow- v -to kneel and touch the forehead to the ground in an expression of deep respect

Kowtow

cow-toe

Once a cow went to his master,
Said 'I respect you for what you are'.
So she bent on her knee,
And touched his toe.
The master said 'what are you doing'?
Go go go.

5.Gossamer -n. a soft sheer gauzy fabric

GOSSAMER

go-summer

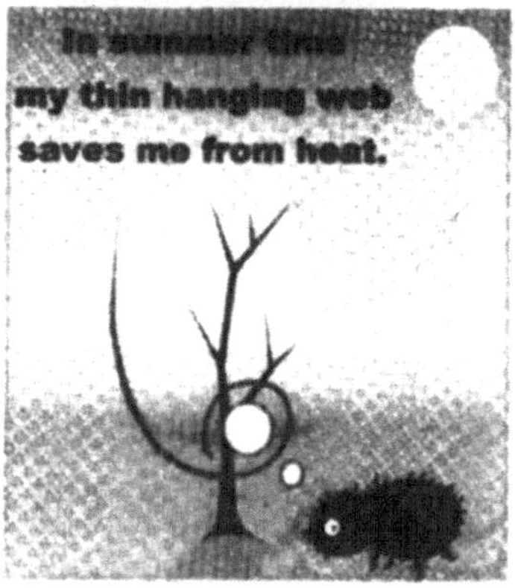

6.Hospice - n. a lodging for travellers

Hospice

hot-spice

7.Scruple -n. a doubt or hesitation in a certain situation.

SCRUPLE
ISHQ -RUPAL
shq ho gaya rupal ko

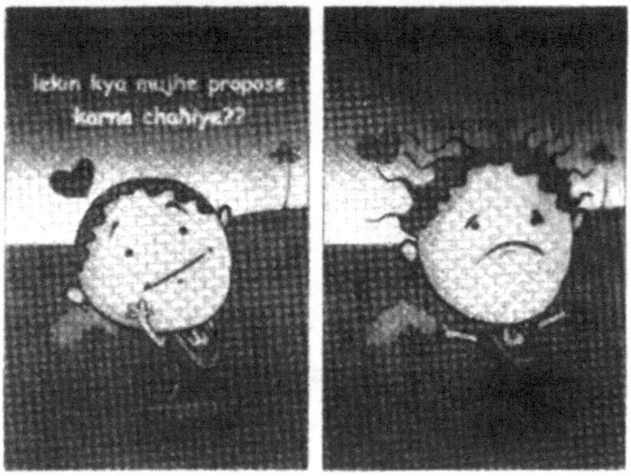

8.Beeline - n. a direct, straight way

Beeline
bee-line

9.Dizzard- n. a foolish person

Dizzard
lizard

There was a lizard,
Who always tried harc
To look more smart.

Even after that,
He was only known
As a foolish person

10.Gingerly- adj. careful

Gingerly
ginger

I have to be very careful to cut this ginger

ପ୍ରୟୋଗ - ୧୧

ଯେ କୌଣସି ଜିନିଷ କିପରି ମନେ ରଖିବା

ଗତ ତିନୋଟି ଅଧ୍ୟାୟରେ ଆମେ ଯେଉଁ 'ଲ-ଅଫ୍-ଏସୋସିଏସନ' କଥା ପଢ଼ିଲୁ ; ତାକୁ ଆମେ ପ୍ରାୟ ସବୁ ଜାଗାରେ ବ୍ୟବହାର କରିପାରିବା । ଆମେ ତାକୁ କେତେ ଦୂର କିପରି ସଂପ୍ରସାରିତ କରିବା, ଏହା ଆମ ଉପରେ ନିର୍ଭର ।

ଏଥିରେ ଗୋଟିଏ ଶବ୍ଦ ସାଂଗରେ କେବଳ ଅନ୍ୟ ଏକ ଶବ୍ଦକୁ ଯୋଡିବାକୁ ହେଇଥାଏ । ତା'ର ସାମଞ୍ଜସ୍ୟ ରକ୍ଷା ପାଇଁ ଆମଠାରେ 'Abstract' ଶବ୍ଦର କୌଣସି ଏକ କାଳ୍ପନିକ ଚିତ୍ରଥିଲେ ହେଲା । ତା'ପରେ ବାମ ପାର୍ଶ୍ୱ ସହ ଡାହାଣ ପାର୍ଶ୍ୱର 'ଲିଙ୍କ୍' ଥିବା ଆବଶ୍ୟକ । କେତେକ ସ୍ଥଳରେ ଏପ୍ରକାର କୌଶଳଟା ଖୁବ୍ ଭଲ ଭାବରେ ବ୍ୟବହୃତ ହେଇଥାଏ । ଆସନ୍ତୁ ଦେଖିବା –

L.H.S.(ଲେଫ୍ଟ ହେଣ୍ଡ ସାଇଡ୍)	R.H.S.(ରାଇଟ୍ ହେଣ୍ଡ ସାଇଡ୍)
ଶବ୍ଦ	ଅର୍ଥ
ବହି	ଲେଖକ
ତାରିଖ	ଘଟଣା
ଆବିଷ୍କାରକ	ଆବିଷ୍କାର
ଉଦ୍‌ଭାବକ	ଉଦ୍‌ଭାବନ
ବୈଜ୍ଞାନିକ ଶବ୍ଦ	ସଂକ୍ଷାର ବିଶେଷ ଶବ୍ଦ
ଦେଶ	ରାଜଧାନୀ
ଦେଶ	ମୁଦ୍ରା
ଫୋନ ନମ୍ବର	ନାମ
ଦେଶ	ପାର୍ଲିଆମେଣ୍ଟ
ସ୍ଥାନ	ଖଣିଜ ଦ୍ରବ୍ୟ
ମନ୍ତ୍ରୀ	ପୋର୍ଟ ଫୋଲିଓ
ରୋଗ	ରୋଗଗ୍ରସ୍ତ ଅଂଗ
ସାରାଂଶ (Summary)	ପୁରାନାମ (Full Name)
ସହର	ନଦୀ
ସମୟ	ସାକ୍ଷାତର ବିଷୟବସ୍ତୁ
ପ୍ରଶ୍ନ	ଉତ୍ତର

ପ୍ରୟୋଗ - ୧୨

ସ୍ପେସ୍ଡ୍ ଲାର୍ନିଂ

ଅଧିକାଂଶ ଛାତ୍ରଛାତ୍ରୀମାନେ ପଢ଼ା ସମୟରେ ମନଦେଇ ଶୁଣନ୍ତି ନାହିଁ । ଯଥା ସମୟରେ ବିରତି ଦିଆଗଲେ କୌଣସି ପ୍ରସଂଗକୁ ଖୁବ୍ ଭଲ ଭାବରେ ପଢ଼ି ବା ବୁଝି ହୁଏ ।

ଅଧ୍ୟୟନ ସକାଶେ ଯୋଜନା କଲାବେଳେ ସ୍ପେସ୍ଡ୍ ଲାର୍ନିଂର ପ୍ରୟୋଗ ହେବା ଉଚିତ ।

* ଥେଓରି ବିଷୟକୁ ପ୍ରାୟ ୪୦ମିନିଟ ପଢ଼ିସାରି ୧୦ମିନିଟ ବିରତି ଦିଆଯାଉ।
* ଗଣିତ ତଥା ବିଜ୍ଞାନ ଭଳି ବିଷୟ ୬୦ମିନିଟ ଅର୍ଥାତ୍ ଘଣ୍ଟାଏ ପଢ଼ାଯାଇପାରେ।
* ବିରତି ସମୟରେ ସଂଗୀତ ଶୁଣାଯାଇପାରେ, ବୁଲାବୁଲି କରାଯାଇପାରେ କିମ୍ବା ନିଜକୁ ରିଲେକ୍ସ କଲାଭଳି ସାମାନ୍ୟ ବ୍ୟାୟାମ ମଧ୍ୟ କରାଯାଇପାରେ ।

ବ୍ରେକ୍ ବା ବିରତି ଏକ ଖମ୍ବ ସଦୃଶ କାମ କରି ସମସ୍ତ ଶିକ୍ଷଣୀୟ ବସ୍ତୁକୁ ଗ୍ରହଣ କରିଥାଏ ।

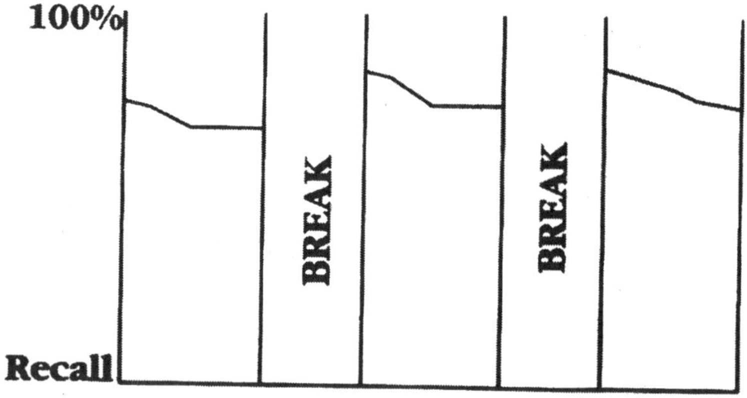

ପ୍ରୟୋଗ - ୧୩

ଲ ଅଫ୍ ଓଭର ଲାର୍ନିଂ

କୌଣସି ବିଷୟବସ୍ତୁକୁ ମନେ ରଖିବା ପାଇଁ ଘଣ୍ଟା ଘଣ୍ଟା ଦେବା ସତ୍ତ୍ୱେ ମଧ୍ୟ ରିଭିଜନ ସକାଶେ ଆହୁରି ଢ଼େର ସମୟ ଲାଗିଥାଏ । ଓଭର ଲାର୍ଣ୍ଣିଂରେ ଏହି ସମସ୍ୟାର ସମାଧାନ ସମାହିତ ଥାଏ ।

୧. ଯେ କୌଣସି ପ୍ରସଂଗ (Topic) ମନେ ରଖିବା ।

୨. ଉକ୍ତ ପ୍ରସଂଗକୁ ମନେରଖିବା ପାଇଁ ଯେତେ ସମୟ ଲାଗିଲା ତାକୁ ସାଂଗେ ସାଂଗେ ରିଭିଜନ ସକାଶେ ୧/୩ ସମୟ ଦେବା ।

ଫଳାଫଳ :

* ଏହାଦ୍ୱାରା ରିଭିଜନର ଅଧିକାଂଶ ସମୟ ବଳିଯିବ ।
* ସେ ବିଷୟବସ୍ତୁକୁ ମନେ ରଖିବାର ସାମର୍ଥ୍ୟ ବୃଦ୍ଧି ପାଇବ ।
* ପରୀକ୍ଷାବେଳେ ଶୀଘ୍ର ମନେ ରଖିବାରେ ସୁବିଧା ହେବ ।

ପ୍ରୟୋଗ - ୧୪
ବୈଜ୍ଞାନିକ ରିଭିଜନ୍ ପ୍ଲାନ

ଏଭଳି ଛାତ୍ର ଅଛନ୍ତି, ଯିଏ ବର୍ଷସାରା ପଢନ୍ତି କିନ୍ତୁ ପରୀକ୍ଷାବେଳେ ସେମାନଙ୍କୁ ସବୁକିଛି ପୁଣିଥରେ ମନେ ରଖିବାକୁ ପଡ଼ିଥାଏ । ସେମାନେ ଯାହା ଶିଖିଥିଲେ, ତାକୁ ମନେରଖି ପାରି ନାହାନ୍ତି ।

ଏଠାରେ ଏହାର ଏକ ଚମତ୍କାର ସମାଧାନ ଦିଆଯାଇଛି; ଯାହାକୁ ଆମେ ବିଜ୍ଞାନ ସମ୍ମତ ବୋଲି କହିପାରିବା ।

ପ୍ରଥମସୋପାନ :- ଯେ କୌଣସି ବିଷୟବସ୍ତୁ ଅଧ୍ୟୟନ କଲାପରେ ୨୪ଘଣ୍ଟା ମଧ୍ୟରେ ତା'ର ରିଭିଜନ ହେବା ଏକାନ୍ତ ଜରୁରୀ । ଏହାଦ୍ୱାରା ତାକୁ ଭଲ ଭାବରେ ମନେ ରଖାଯାଇପାରେ । (କାହିଁକିନା ପ୍ରଥମଥର ପଢ଼ିଲାପରେ ୨୪ଘଣ୍ଟା ଭିତରେ ଭୁଲିବାର ପ୍ରଥମ ଚକ୍ର ଆରମ୍ଭ ହେଇଯାଏ ।)

ଦ୍ୱିତୀୟ ସୋପାନ :- ଦ୍ୱିତୀୟ ରିଭିଜନ୍ ସାତଦିନ ମଧ୍ୟରେ ହେବା ଆବଶ୍ୟକ ।

(ପ୍ରଥମ ରିଭିଜନ୍ ପରେ ଜ୍ଞାତତଥ୍ୟ ଏକ ସପ୍ତାହ ପର୍ଯ୍ୟନ୍ତ ମନେ ରହେ, ତା'ପରେ ଭୁଲିବାର ଦ୍ୱିତୀୟ ଚକ୍ର ଆରମ୍ଭ ହୁଏ ।)

ଏତଦ୍ୱାରା ସ୍ମୃତିଶକ୍ତି ପ୍ରଖର ତଥା ସଠିକ୍ ହେବା ସହ ସବୁ ତଥ୍ୟ ମନେ ରଖିବା ସମ୍ଭବ ହେଇପାରିବା ।

ରିଭିଜନ ପ୍ଲାନ

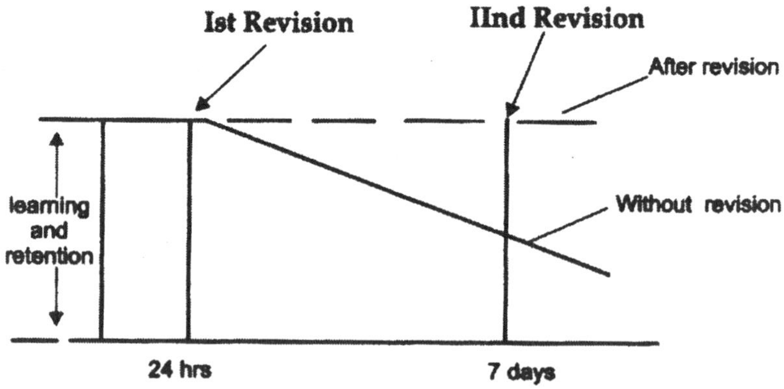

ପ୍ରୟୋଗ - ୧୫

ଲ ଅଫ୍ ରିଇଣ୍ଟିଗ୍ରେସନ୍

କ'ଣ ପ୍ରଶ୍ନପତ୍ର ଦେଖିଲାକ୍ଷଣି ଆପଣଙ୍କ ମୁଣ୍ଡ କାମ ଦିଏନି ? କିମ୍ବା କ'ଣ କେତେକ ନିର୍ଦ୍ଦିଷ୍ଟ ଉତ୍ତର ମନେ ରଖିବାରେ ଅସୁବିଧା ହୁଏ କି ?

ଏଥର ଆମେ ଲ ଅଫ୍ ରିଇଣ୍ଟିଗ୍ରେସନ୍ ବ୍ୟବହାର କରିପାରିବା । ଆର ଥରକୁ ପରୀକ୍ଷା ହଲ୍‌ରେ କୌଣସି ଉତ୍ତର ମନେ ନପଡିଲେ ଏସବୁ ଜିନିଷ ପ୍ରତି ଦୃଷ୍ଟି ଦେବା ।

* ଏକାଗ୍ର ହେଇ ସେହି ପରିସ୍ଥିତି ବା ପରିବେଶକୁ ଯିବା, ଯେଉଁଥିରେ କି ଆମେ ସେହି ଉତ୍ତର ମନେ ରଖିଥିଲୁ ।
* ମନେମନେ ଭାବିବା ଯେ ହାତରେ ବହିଟିଏ ଧରି ପୃଷ୍ଠା ଓଲଟାଇ ଚାଲିଛୁ ଆଉ ମନେମନେ ପଢ଼ିବାକୁ ଚେଷ୍ଟା କରୁଛୁ ।
* କିଛି ସେକେଣ୍ଡ ମଧ୍ୟରେ ଆମେ ଆମ ଉତ୍ତର ପାଇଯିବା ଅର୍ଥାତ୍ ଉକ୍ତ ତଥ୍ୟକୁ ମନେ ପକେଇବାରେ କୃତକାର୍ଯ୍ୟ ହେବା ।

ପ୍ରୟୋଗ - ୧୬

ଲ ଅଫ୍ ଇଣ୍ଟରଫିଅରେନ୍ସ

ପରୀକ୍ଷା ସମୟରେ ଘଣ୍ଟା ଘଣ୍ଟା ଧରି ପଢ଼ିଲାବେଳେ ମୁଣ୍ଡଟା ଗୋଳମାଳ ହେଇଯାଏ; ଆଉ ଆମେ ଭ୍ରମରେ ପଡିଥାଉଁ ।

ଏଥିରୁ ମୁକ୍ତି ପାଇବାକୁ ହେଲେ ନିମ୍ନଲିଖିତ କଥା ପ୍ରତି ଦୃଷ୍ଟି ଦେବା ।

* ଆମେ ଦିନସାରା କୌଣସି ଗୋଟିଏ ବିଷୟ ପଢ଼ିବା ନାହିଁ ।
* ପଢ଼ା ସମୟକୁ ଭାଗ ଭାଗ କରିଦେବା ।
* ପୃଥକ୍ ପୃଥକ୍ ସମୟରେ ବିଭିନ୍ନ ବିଷୟ ପଢ଼ିବା ଉଚିତ ।
* 'ଲଜିକ' ତଥା 'ଥ୍ୟୋରି' ସମ୍ବନ୍ଧୀୟ ବିଷୟକୁ ଥରଥର କରି ପଢ଼ିବା ; ଯଥା : ଇତିହାସ ପରେ ଗଣିତ, ହିନ୍ଦୀପରେ ବିଜ୍ଞାନ । କିନ୍ତୁ ଗଣିତ ଓ ବିଜ୍ଞାନକୁ ଏକା ସାଂଗରେ ପଢ଼ିବା ନାହିଁ । ଏହିପରି ଇତିହାସ ଓ ହିନ୍ଦୀ ଏକତ୍ର ପଢ଼ିବା ଅନୁଚିତ ।

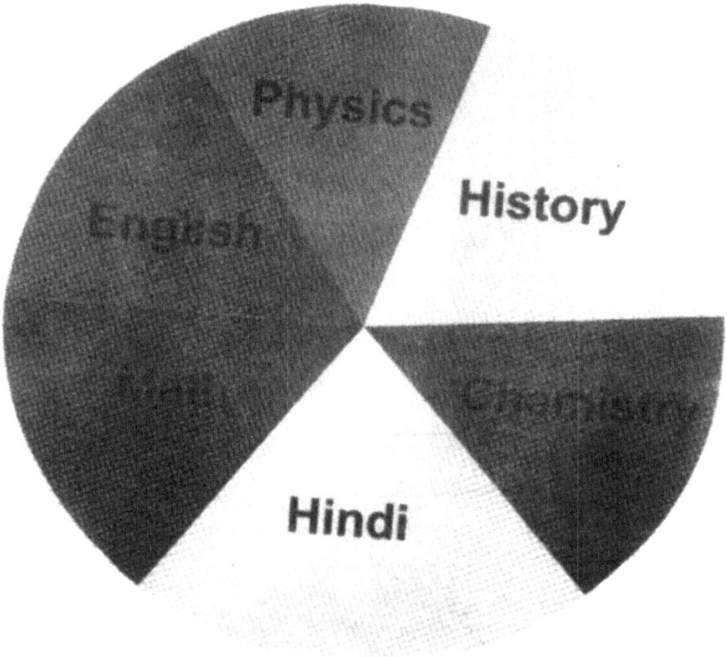

ପ୍ରୟୋଗ - ୧୬

ଫିଲ୍ମ ଦେଖା ପରୀକ୍ଷାରେ ସହାୟକ ହେଇପାରେ କିପରି ?

ଏହି ମେଥଡ୍‌ଟା ସେହି ବ୍ୟକ୍ତିମାନଙ୍କ ପାଇଁ ସୁବିଧାଜନକ ହେଇଥାଏ, ଯେଉଁମାନେ ପରୀକ୍ଷା ସମୟରେ ମଧ୍ୟ ଫିଲ୍ମ କିମ୍ବା ସିରିୟଲ ଦେଖିବା ଛାଡ଼ିପାରନ୍ତି ନାହିଁ । ଫିଲ୍ମ ଦେଖା ମଧ୍ୟ ପଢ଼ା ବିଷୟବସ୍ତୁକୁ ମନେ ରଖିବାରେ ସହାୟକ ହେଇପାରେ; ହେଲେ କିପରି ?

ଆସନ୍ତୁ, ଉଦାହରଣଟିଏ ଦେଖିବା :-

୧. ଏହି ମେଥଡ଼ରେ ଆମକୁ ଭିନ୍ନଭିନ୍ନ ଚରିତ୍ର (କେରେକ୍ଟର) ବାଛିବାକୁ ହେବ ଓ ପ୍ରତ୍ୟେକ ଚରିତ୍ର ସହ କୌଣସି ପ୍ରସଂଗ ବା ଉତ୍ତରକୁ ସଂଶ୍ଳିଷ୍ଟ କରିବାକୁ ପଡିବ ।

ଧରାଯାଉ ଆମେ 'ଥ୍ରୀ ଇଡିୟଟ୍‌ସ' ଫିଲ୍ମ ଦେଖୁଛୁ ।

ପ୍ରଥମ ସୋପାନ : ଫିଲ୍ମର ଚରିତ୍ରଟିଏ ବାଛିବା ; ଯଥା ଫରହାନ କୁରୈସି (ମହାଧବନ) ।

ଦ୍ୱିତୀୟ ସୋପାନ : ମନେମନେ ଫିଲ୍ମ ଦେଖି ଫରହାନ କୁରୈସିର (Journey) ଥିବା Sequence ଖୋଜିବା ।

ତୃତୀୟ ସୋପାନ : ଏହାକୁ ପଏଣ୍ଟ ଦେଇ ଲେଖିବା :

୧. ଏରୋପ୍ଲେନ
୨. ଏୟାରପୋର୍ଟ
୩. ଟେକ୍ସି
୪. ରାଜରସ୍ତୋଗୀର ଘର
୫. କଲେଜର ୱାଟର ଟେଙ୍କ
୬. ଚତୁରର SUV (Car)ରେ ଯାତ୍ର
୭. ରଣଛୋଡ ଦାସର ଘର
୮. 'ପିୟା'ର ବାହାଘର
୯. ରେଂଚୋର ସ୍କୁଲ
୧୦. ସମୁଦ୍ରକୂଳରେ ଭେଟ

ବି.ଦ୍ର : ଯଦି ଫିଲ୍ମରେ କୌଣସି ଦୃଶ୍ୟ ବା ଲୋକେସନ ବାରମ୍ବାର ଦେଖାଯାଏ ତେବେ ଆମେ ତାକୁ ଏହି କ୍ରମାନୁସାରେ ଗ୍ରହଣ କରିବା । ଯେପରି ଏହା ପ୍ରଥମ ଥର ଦେଖାଯାଇଛି । ପୁଣି ଚତୁରରକାର ଯାତ୍ରା ମଧ୍ୟ ଥରେ ନିଆଯିବ ।

ଏଥର ଆମେ ଧରିନେବା ଯେ ନିମ୍ନଲିଖିତ ଉତ୍ତର ଆମେ ମନେରଖିବାକୁ ଚାହୁଁ :-

ମେନେଜମେଣ୍ଟର ଫାୟୋଲ୍ସ ନିୟମ (Fayol's Principle of Management)

୧. ଶ୍ରମ ବିଭାଜନ　　୬. ସ୍କେଲର ଚେନ
୨. ଶୃଙ୍ଖଳା　　୭. ଅର୍ଡର
୩. କମାଣ୍ଡ ୟୁନିଟି　　୮. ଇନସିଏଟିଭ
୪. ଡାଇରେକ୍ସନ ୟୁନିଟି　　୯.ସେଣ୍ଟ୍ରେଲାଇଜେସନ ଓ ଡି-ସେଣ୍ଟ୍ରେଲାଇଜେସନ
୫. କର୍ମଚାରୀମାନଙ୍କ ପାଉଣା　　୧୦. ଇକ୍ୱିଟି

ଏହି ଉତ୍ତରକୁ ମନେ ରଖିବାକୁ ହେଲେ ଫରହାନର ଯାତ୍ରା ସହ ସଂଶ୍ଲିଷ୍ଟ ହେବା ।

୧. କଳ୍ପନା କରାଯାଉ ଯେ ଲେବର (ଶ୍ରମ ବିଭାଜନ) ଏରୋପ୍ଲେନରେ ବସୁଛନ୍ତି।
୨. କଳ୍ପନା କରାଯାଉ ଯେ ପ୍ଲେନଟା ବେଶ୍ ଶୃଙ୍ଖଳିତ ହେଇ ଚାଲୁଛି ।
୩. ମନେମନେ ଭାବିବା ଯେ କମାଣ୍ଡୋ (ୟୁନିଟ ଅଫ କମାଣ୍ଡ) ଟେଙ୍କିରେ ବସୁଛି।
୪. ଭାବିବା ଆମେ ରାଜୁ ରସ୍ତୋଗୀର ଘରର ଡାଇରେକସନ୍ (ଡାଇରେକ୍ସନ ୟୁନିଟି) କଥା ପଚାରୁଛେ ।
୫. ଦେଖିବା ଯେ କଲେଜର ୱାଟର ଟେଙ୍କ ପାଖରେ କର୍ମଚାରୀମାନଙ୍କ ପାଉଣା ଦିଆଯାଉଛି ।
୬. ଚତୁରସେନ ବନ୍ଧାହେଇ ସ୍କେଲ (ସ୍କେଲର) ଦ୍ୱାରା ପିଟାଯାଉଛି ।
୭. ପ୍ରତ୍ୟେକ ରଣଛୋଡଦାସର (ଅର୍ଡର) ମାନି ଚଳୁଛନ୍ତି ।
୮. ପିୟା ବାହାଘରୁ ପଳେଇବାକୁ ପଦକ୍ଷେପ ନେଉଛି ।
୯. ଭାବିବା ଯେ, ଆମେ ରେଂଚୋ ସ୍କୁଲର ସେଣ୍ଟର (ସେଂଟ୍ରାଲାଇଜେସନ ଓ ଡି-ସେଣ୍ଟ୍ରାଲାଇଜେସନ)ଠାରେ ଠିଆ ହେଇଛୁ ।
୧୦. କଳ୍ପନା କରାଯାଉ ଯେ, ଫୁନସୁକ ବାଂଗଡୁ ସମୁଦ୍ର କୂଳରେ ଚତୁର ସହିତ କଂପାନିର ଇକ୍ୱିଟି ବିଷୟରେ କଥାବାର୍ତ୍ତା କରୁଛି ।

ରି-କଲ କରିବା ପାଇଁ ଆମେ ଫରହାନ କୁରୈସିର ଯାତ୍ରାକୁ ପୁଣିଥରେ ଦୋହରେଇ ଚାଲିବା । ଏହିପରି ଭାବରେ ଉତ୍ତରର ସବୁତଥ୍ୟକୁ ଆମେ ମନେରଖି ପାରିବା ।

ପ୍ରୟୋଗ - ୧୮

ଲେଟେଣ୍ଟ ଲାର୍ନିଂରେ ଥିବା ଲୁକ୍କାୟିତ ସଫଳତା

ମହାନ ଖେଳାଳିମାନେ ଏକଥାକୁ ନେଇ ଏକମତ ଯେ ୮୦-୯୦% (ପ୍ରତିଶତ) ସଫଳତା ମେଣ୍ଟଲ ଫେକ୍ଟର ଦ୍ୱାରା ସମ୍ଭବ ହେଇଥାଏ । ଏହା ପ୍ରତ୍ୟେକ ଫିଲ୍ଡରେ ସତ୍ୟ ଘଟଣା ଅଟେ । ସକାରାତ୍ମକ ଭାବ ତଥା ଆତ୍ମ ନିର୍ଦ୍ଦେଶ (Self suggestion) ଆମକୁ ଶୀଘ୍ରତାର ସହିତ ଲକ୍ଷ୍ୟସ୍ଥଳରେ ପହଞ୍ଚାଇ ଦେଇଥାଏ । ନିଜ କଳ୍ପନା ଶକ୍ତି ବଳରେ (ସେଲ୍‌ଫ ସଜେସନ) ଦେବାକୁ ହିଁ 'ଲେଟେଣ୍ଟ ଲାର୍ନିଂ' ବୋଲି କୁହାଯାଏ ।

ପରୀକ୍ଷାରେ 'ଲେଟେଣ୍ଟ ଲାର୍ନିଂ' ପ୍ରୟୋଗ

ପରୀକ୍ଷାରେ ଦିନକ ପୂର୍ବରୁ ପାଞ୍ଚ ମିନିଟ 'ଲେଟେଣ୍ଟ ଲାର୍ନିଂ' ରେ ବିନିଯୋଗ କରିବା ସକାଶେ ପ୍ରଦତ୍ତ ପଦ୍ଧତି ।

୧. ଆଖି ବୁଜି ଚିନ୍ତା କରିବା ଯେ ଆମେ ପରୀକ୍ଷା ହଲ୍‌କୁ ଯାଉଛୁ । ତା'ପରେ ନିଜ ରୋଲ ନମ୍ବର ତଥା ସିଟ ଦେଖି ପରୀକ୍ଷା ଦେବାକୁ ବସିପଡୁଛୁ ।

୨. ଏଥର ପରୀକ୍ଷକ ଆମ ଆଡକୁ ଆସୁଥିବାର ଦେଖନ୍ତୁ । ସେ ଆମକୁ ପ୍ରଶ୍ନପତ୍ର ଓ ଉତ୍ତର ପୁସ୍ତିକା ଦେଉଛନ୍ତି । ମନେରଖନ୍ତୁ ଯେ, ଏସବୁ କାଳ୍ପନିକ ଚିତ୍ର ମନମଧ୍ୟରେ ସୁସ୍ପଷ୍ଟ ଓ ଉଜ୍ଜ୍ୱଳ ଦେଖାଯିବ ।

୩. ମନେମନେ ପ୍ରଶ୍ନପତ୍ର ପଢ଼ିବା । ସବୁତକ ନିର୍ଦ୍ଦେଶ ମଧ୍ୟ ପଢ଼ି ସାରିବା ।

୪. ଏଥର ଭାବିବା ଯେ ଆମେ ସବୁତକ ପ୍ରଶ୍ନର ଯଥାଯଥ ଉତ୍ତର ଠିକ୍ ସମୟ ମଧ୍ୟରେ ଦେଇସାରିଛୁ ।

ମନେମନେ କରୁଥିବା ଏପ୍ରକାର ରିହର୍ସଲ କେବଳ ଆମ ପ୍ରଦର୍ଶନକୁ ସୁଧାରିବ ତା' ନୁହଁ ବରଂ ଆମ ମନରେ ଥିବା ଭୟଭାବକୁ ମଧ୍ୟ ଦୂରେଇ ଦେଇ ଆତ୍ମବିଶ୍ୱାସ ବୃଦ୍ଧିରେ ସହାୟକ ହେବ ।

ପ୍ରୟୋଗ - ୧୯

ମୁଁ ମେମୋରୀ ବଳରେ କିଭଳି ଗିନିଜ ୱାର୍ଲ୍ଡ ରେକର୍ଡ ସୃଷ୍ଟି କଲି - ୧

ସାରା ପୃଥିବୀରେ ଯେ କୌଣସି ବ୍ୟକ୍ତି ତୁଳନାରେ ମୁଁ ସବୁଠୁ ଶୀଘ୍ର ଓ ସବୁଠୁ ବେଶି ତଥ୍ୟ ମନେରଖି ପାରିଲି ; ଏହା କେବଳ ଫୋନେଟିକ୍ ମେଥଡ ଯୋଗୁଁ ହିଁ ସମ୍ଭବ ହେଲା । ଏହି ମେଥଡ ଅନୁସାରେ ୦ରୁ ୯ ଯାଏଁ ସଂଖ୍ୟାଗୁଡିକୁ ଯେକୌଣସି ସାଉଣ୍ଡ (ବା ଧ୍ୱନି) କିମ୍ବା ଲେଟର (ଅକ୍ଷର) ଦିଆଯାଇଥାଏ । ଯଥା : I-T, 2-h, 3-m.... ଇତ୍ୟାଦି ।

ଏଗୁଡିକୁ ମନେରଖି ଆମେ ଯେ କୌଣସି ସଂଖ୍ୟାକୁ ମନେରଖିବା ସହଜ ଓ ସରଳ ହେଇପାରିବ ।

ପାର୍ଟ- ୧

ସଂଖ୍ୟା	କୋଡ	କିପରି ମନେ ରଖିବା
0	S	O ସୂର୍ଯ୍ୟ ଭଳି ଗୋଲ ଆଉ ସୂର୍ଯ୍ୟ Sକୁ ନେଇ ଆରମ୍ଭ
1	T	ଛୋଟ ଗାରକୁ ଲିଭେଇଲେ । ପରି ଦେଖାଯିବ ।
2	nN	2 ପ୍ରାୟ n ପରି ଦେଖାଯାଏ ।
3	M	3 ଓ m ମଧ୍ୟ ସମାନ ଦିଶନ୍ତି ।
4	r	୪ ହିନ୍ଦୀ ତଥା ଓଡିଆର ଗ୍ରି ପରି ଦିଶେ ।
5	L	ରୋମାନ ସଂଖ୍ୟାରେ 50କୁ L ଲେଖାଯାଏ ; ଏଣୁ
6	g	6 ଓ G ପ୍ରାୟ ଏକାପରି ଦିଶନ୍ତି ।
7	K	ଦୁଇଟି 7 କୁ K ଭଳି ରଖାଯାଇପାରେ ।
8	V	ପାଣିରେ V ର ପ୍ରତିବିମ୍ବ 8 ପରି ଦିଶେ ।
9	P	P ଓ Q ପରସ୍ପର ମିରର ଇମେଜ (ଦର୍ପଣ ଅକ୍ଷର)

୧. ଧରାଯାଉ, ଆମେ Lead ସୀସାର Melting Point 327°C ବୋଲି ଜାଣୁ, ତଥାପି ବେଳେ ବେଳେ 327°C ନା 237°C ବୋଲି ଭ୍ରମରେ ପଡିଥାଉ । ବର୍ତ୍ତମାନ ଏହାକୁ ଫୋନେଟିକ ମେଥଡ ସହାୟତାରେ ରୂପାନ୍ତରିତ କରିଦେବା।

3	2	7	3 2 7
M	n	K	M o n k e y

ଏଥର ଆମେ MNK କୁ ପଢ଼ିଲାବେଳେ ମନରେ Monkey ଶବ୍ଦଟା ଉଙ୍କି ମାରିବ । ଆମେ ହୁଏତ 327°C କୁ ଭୁଲିଯାଇପାରୁ କିନ୍ତୁ Monkey ଶବ୍ଦକୁ ଭୁଲିବାନି । ଏଥର ଆମେ Lead କୁ Monkey ସହ ସାମଂଜସ୍ୟ ସ୍ଥାପନ କରିବାକୁ ହେବ ।

ମେମୋରୀ ଚିତ୍ର : କଳ୍ପନା କରାଯାଉ ଆମେ Lead ନିର୍ମିତ ପେନ୍‌ସିଲରେ ଲେଖୁଥିଲା ବେଳେ (Monkey) ମାଙ୍କଡଟିଏ ଆସି ଆମ ହାତରୁ ପେନସିଲଟିକୁ ଛଡେଇ ନେଇଗଲା । ଆମେ ବଲବଲ କରି ଅନେଇ ରହିଲୁ ।

୨. ମର୍କ୍ୟୁରୀ (Merceury) ର atomic mass no. 2 0 1 ଅଟେ । ଏକଥା ଆମକୁ ମନେ ରଖିବାକୁ ଅଛି । କ'ଣ କରିବା ?

2 0 1	2 0 1
n s t	N e s t

NST ପଢ଼ିଲା ବେଳେ NEST କଥା ନିହାତି ମନେ ପଡ଼ିବ ।

ମେମୋରୀ ଚିତ୍ର : ଆମ ହାତରେ ମର୍କ୍ୟୁରୀ (ପାରଦ)ର ଥର୍ମୋମିଟରଟିଏ ଅଛି ; ଯାହାକୁ ଆମେ Nest ଅର୍ଥାତ୍ ଚଢ଼େଇ ବସାରେ ରଖିବା କଥା ଚିନ୍ତା କରୁଛୁ ।

ହୁଏତ ମେମୋରୀ ଚିତ୍ରକୁ ନେଇ ବେଳେବେଳେ ସନ୍ଦେହ ଜାତ ହେଇପାରେ ।

ମେମୋରୀ ଚିତ୍ରକୁ ଆମେ ଭୁଲିଯିବା କି ? କିନ୍ତୁ ସତ କହିବାକୁ ଗଲେ ଏହା ଭୁଲି ହୁଏନି । ମୁଁ ମୋ ନିଜସ୍ୱ ଅନୁଭୂତିରୁ ଜୋର ଦେଇ କହିବି ଯେ ମେମୋରୀ ଚିତ୍ର ଆମ ଜୀବନର ଏକ ଅଂଗ ସଦୃଶ; ଏହାକୁ ସହଜରେ ଭୁଲି ହୁଏନି ବା ଭୁଲିବା ଅସମ୍ଭବ ମଧ୍ୟ । ଯଦି ମୁଁ ବର୍ତ୍ତମାନ ପ୍ରଶ୍ନ କରେ ଯେ ମଟରକାର ସର୍ଭିସିଂକୁ ନେଲାବେଳେ ସେଥିରେ ପେଟ୍ରୋଲ ପରିବର୍ତ୍ତେ କ'ଣ ପୂରାଗଲା ? ତେବେ କ'ଣ କୁହାଯିବ । ନିଃସନ୍ଦେହ ଅତି ସହଜରେ କେହିମଧ୍ୟ କହିଦେବ ଯେ ୱାଇନ୍(ମଦ) ବୋଲି । ଏଣୁକରି ମାନସିକ ଚିତ୍ର ସହଜରେ ଲିଭେ ନାହିଁ ବରଂ ଗଭୀର ଭାବରେ ଅଙ୍କିତ ହେଇଯାଏ ।

ଥରେ ମୋର ବନ୍ଧୁ ରାଜେଶ ମତେ ତାଙ୍କ ଘରକୁ ଡାକିଲେ । ନିଜ ଘର ଠିକଣା ଲେଖି ରଖିବାକୁ କହିଲେ । ମୁଁ କହିଲି – "ତୁମ ଘର ଠିକଣା ଡାଏରୀରେ ନଲେଖି ବରଂ ମସ୍ତିଷ୍କରେ ଲେଖି ରଖୁଛି । ତମ ଠିକଣା କ'ଣ କହିଲି ?"

ସେ ତାଙ୍କ ଘର ନମ୍ବର 3 5 7 କହିଲେ ।

ମୁଁ ସାଙ୍ଗେ ସାଙ୍ଗେ ନିଜ ସୂତ୍ର ପ୍ରୟୋଗ କଲି

3 5 7   3 5 7

MLK   MILK

MLK କହୁ କହୁ Milk ଶବ୍ଦ ମୁଣ୍ଡକୁ ପଶିଗଲା ଆଉ

ମନେ ରହିଗଲା ।

ମେମୋରୀ ଚିତ୍ର :- ମୁଁ ଭାବି ବସିଲି – ମୁଁ ତାଙ୍କ ଘରକୁ ଯାଇ କବାଟ ଖଡ୍ ଖଡ୍ କଲାରୁ ସେ କବାଟ ଖୋଲି ବାହାରିଲେ ହାତରେ ଗ୍ଲାସ ଧରି Milk ପିଉଥିଲେ । ପୁଣି ରାଜେଶ – E-Block କଥା କହିଥିବାରୁ ମୁଁ ଭାବିଲି । E ରୁ Elephant ହୁଏ । ଅତଏବ ରାଜେଶ ହାତୀ ହେଇଥିଲେ କିପରି କ୍ଷୀର ପିଇଥାନ୍ତେ ଅର୍ଥାତ୍ ନାକଟା ଲମ୍ବିଯାଇ ଶୁଣ୍ଢ ହେଇଯାଇଥାନ୍ତା । ତାହେଲେ ମୁଁ କ'ଣ ତା' ଶୁଣ୍ଢ ସହିତ Handshake କରନ୍ତି କି !

କ'ଣ ଏହିପରି ମାନସିକ ଚିତ୍ରଣ ବା ଭିଜୁଏଲାଇଜେସନ୍ କଲାପରେ ମଧ୍ୟ ଭୁଲିଯିବା ବୋଲି ସନ୍ଦେହ କରୁଛନ୍ତି କି ? ଆସନ୍ତୁ, ଆଉ ଏକ ପ୍ରୟୋଗ କରିବା । ଜଣେ ସାଂଘର ନାକରେ ଧରି ନିଆଯାଉ ଆମେ ଫେଭିକୋଲ ସାହାଯ୍ୟରେ ଶୁଣ୍ଢଟେ ଖଂଜି ଦେଇଥିବୁ ତେବେ ସହଜରେ କ'ଣ ଏହା ଭୁଲି ହେବ । ତାକୁ ଦେଖିଲା କ୍ଷଣି ଶୁଣ୍ଢ କଥା ନିହାତି ମନେ ପଡିବ । ମୁଁ ରାଜେଶଙ୍କୁ ବାରମ୍ବାର E ବ୍ଲକ କଥା କହିଥାଏ । ସେ ମତେ ପଚ୍ଚାରନ୍ତି ଯେ, ଏତେ ବର୍ଷପରେ ମଧ୍ୟ ମୁଁ କେମିତି ମନେ ରଖିଛି ! ମୁଁ ତାଙ୍କୁ କହିଥାଏ - ତମ ମୁହଁରେ ପରା ଲେଖାଅଛି । ସେ କିଛି ବୁଝିପାରନ୍ତି ନାହିଁ । କିନ୍ତୁ ଏହାର ପ୍ରକୃତ ରହସ୍ୟ ମତେ ହିଁ ଜଣା ।

ଯଦି ଆପଣ ମଧ୍ୟ ଏଭଳି ମେମୋରୀ ଚିତ୍ର ଆଙ୍କିବାରେ ଅଭ୍ୟସ୍ତ ହେବେ, ତେବେ ମୁଁ ଭାବୁଛି ଯେ କୌଣସି ଲୋକ, ଘଟଣା ବା ତଥ୍ୟକୁ ଅତି ସହଜରେ ମନେ ରଖି ପାରିବେ ।

୩. ଧରାଯାଉ ଜଣେ C.A.ର ଛାତ୍ରକୁ ମନେ ରଖିବାକୁ ହେବ ଯେ, ଧାରା 147, ପ୍ରକାଶନର ଅଧିକାର ଦିଏ । (ଏଠାରେ ଆମେ ଫନେଟିକ ମେଥଡ ପ୍ରୟୋଗ କରିବା) ।

1 4 7	1 4 7
T R K	TRuck ଏଭଳି TRK ର Truck ଗଠିତ ।

ମେମୋରୀ ଚିତ୍ର :- ଜଣେ ପୁସ୍ତକ ପ୍ରକାଶକ ପାଟି କରି ଚ୍ଚାଲିଛି । ମୋ ପାଖରୁ ପ୍ରକାଶନର ସମସ୍ତ ଅଧିକାର ଛଡେଇ ନିଅ, ମୁଁ ସବୁକିଛି ଜଳାଂଜଳି ଦେଇ ଚ୍ଚାଲିଯିବି । ଆସ ! ଏଥର ସମସ୍ତେ ଆସି ତା' ବହି ପତ୍ରକୁ ଟ୍ରକ୍‌ରେ ଲଦି ନେଇଯାଉଛନ୍ତି । ଏହାପରେ ଦେଖିବେ, ମୁଣ୍ଡରେ ଟ୍ରକ୍ ଶବ୍ଦ ଢ଼ୁକିଲା କ୍ଷଣି ଧାରା 147 ଆପେ ଆପେ ମନେ ପଡିଯିବ ।

୪.	ଧାରା 222 ଜଜମାନଙ୍କ ବଦଳି ସଂକ୍ରାନ୍ତ

2 2 2'

N N N

ମେମୋରୀଚିତ୍ର : ଏଥର କଳ୍ପନା କରାଯାଉ ଯେ, ଜଣେ ଜଜଙ୍କୁ ବଦଳି କରି ଦିଆଯାଇଛି । ହେଲେ ସେ ଯିବାକୁ ଅମଙ୍ଗ କରି କହୁଛନ୍ତି ..... ନା..... ନା.....ନା..... ମୁଁ ଅନ୍ୟତ୍ର ଯିବିନି । ମୁଁ ଏଠାରେ କେତେ ସୁଖରେ ଅଛି ।

୫.	ପ୍ରାୟ ଅଧିକାଂଶ ସମୟରେ ଇତିହାସର ଛାତ୍ରମାନଙ୍କୁ ଅନେକ ଘଟଣା ଓ ତା'ର ମସିହା ମନେରଖିବାକୁ ପଡିଥାଏ । ଏଠାରେ memory Improving Method ପ୍ରୟୋଗ କରାଯାଇପାରେ । ଏହା ଖୁବ୍ ସହାୟକ ହେବ । ଏତଦ୍ଦ୍ୱାରା ନିର୍ଜନ ଦ୍ୱୀପରେ ମଧ୍ୟ ପଦ୍ମଫୁଟାଇ ପାରିବେ । ମନେ ମନେ ଭାବି ଯେ କୌଣସି ଚିତ୍ର ଅଙ୍କାଯାଇପାରେ ଓ ତାରିଖ ସବୁ ମନେରଖି ହେବ ।

ଉଦାହରଣ ସ୍ୱରୂପ ଦେଖିବା :-

୫. ୧୯୧୯ ମସସିହାରେ ଜାଲିଆନା ବାଗ ହତ୍ୟାକାଣ୍ଡ ହେଇଥିଲା । ଇତିହାସର ଛାତ୍ରମାନେ ପ୍ରାୟ ଅନୁମାନ କରନ୍ତି ଯେ, ଏହା କେଉଁ ଶତାବ୍ଦୀର ଘଟଣା ହେଇପାରେ ! ଏଣୁ ମସିହାକୁ ମନେ ରଖିବା ଦରକାର ନାହିଁ । ଆମେ କେବଳ ବର୍ଷକୁ ମନେ ରଖିବା ଯଥେଷ୍ଟ ହେବ । ଆସନ୍ତୁ ଆଲୋକପାତ କରିବା ।

1 9	1 9
T P	T a P

TP ଶବ୍ଦରୁ Tap ଶବ୍ଦଟା ମୁଣ୍ଡରେ ଉଙ୍କି ମାରିବ ।

ମେମୋରୀ ଚିତ୍ର :-

କଳ୍ପନା କରାଯାଉ ଆମେ ଜାଲିଆନାୱାଲା ବାଗରେ ଅଛୁ । ଆମ ହାତରେ ଏକ (Tap) ଅଛି । ଆମେ ସେହି Tap କୁ ଇଂରେଜମାନଙ୍କ ବନ୍ଧୁକ ଆଗରେ ଲଗେଇ ଦେଇଛୁ । ଏଥର ବନ୍ଧୁକରୁ ଗୁଳି ପରିବର୍ତ୍ତେ ପିଚ୍‌କାରୀ ଭଳି ନାଲି ନାଲି ରଂଗ ପାଣି ବାହାରୁଛି । ଏଣୁକରି ଭାରତୀୟମାନେ ହସିହସି ହୋଲି ମନେଇବା ଭଳି ଖୁସିରେ ଉଛୁଳି ପଡୁଛନ୍ତି ।

ପ୍ରୟୋଗ - ୨୦

ମୁଁ ମେମୋରୀ ବଳରେ କିଭଳି ଗିନିଜ ୱାର୍ଲଡ ରେକର୍ଡ ସୃଷ୍ଟି କଲି-୨

ଫୋନେଟିକ୍ ମେଥଡଟା ଖୁବ୍ ପ୍ରଭାବକାରୀ ; ଏହାର ଫଳାଫଳ ପାଇବାକୁ ମାତ୍ର ୨ ରୁ ୩ ସେକେଣ୍ଡ ସମୟ ଲାଗିଥାଏ । କିନ୍ତୁ ଅନେକଥର ଏଭଳି ଶବ୍ଦ ବା ଘଟଣାର ସମ୍ମୁଖୀନ ହେବାକୁ ହୁଏ, ଯାହାର କୌଣସି କାଳ୍ପନିକ ଚିତ୍ର ଆଙ୍କିବା ସମ୍ଭବ ବା ସହଜ ହୁଏ ନାହିଁ । ଏଭଳି ଶବ୍ଦ ସକାଶେ ଆମକୁ ଟିକିଏ ଭିନ୍ନ ଧରଣର କୌଶଳ ଅକ୍ତିୟାର କରିବାକୁ ହେବ ।

ଉଦାହରଣ ସ୍ୱରୂପ :-

୬ - ପ୍ରଥମେ 6 କୁ G ଧରୁଥିଲେ, କିନ୍ତୁ ଏଇନା J ମଧ୍ୟ ହେବ । 6ରେ ମିରର ଇମେଜ ସହ ସମାନ ।

୮ - ପ୍ରଥମେ 8 କୁ V ଧରୁଥିଲେ, କିନ୍ତୁ ଏଇନା F ମଧ୍ୟ ହେବ । 8 ମଧ୍ୟରେ F ଭଳି ଦୁଇଟା ଲୁପ୍ ଅଛି ।

୯ - ପ୍ରଥମେ I କୁ 9 ଧରୁଥିଲେ, ବର୍ତ୍ତମାନ b ମଧ୍ୟ ଧରାଯିବ ।

I - ଓ T ମଧ୍ୟରେ ସଂପର୍କ ରହିଥିଲା ଏଥର D ମଧ୍ୟ ହେଇପାରେ । ଏଥର ପରୀକ୍ଷା କରି ଦେଖିବା ଯେ ଆମେ କ'ଣ ଶିଖିଲୁ ।

6 8 9 1

୬. ଆମକୁ ମହାତ୍ମାଗାନ୍ଧୀଙ୍କ ଜନ୍ମ ୧୮୬୯ ମନେ ରଖିବାକୁ ହେବ । ଏଥର କୌଶଳ ପ୍ରୟୋଗ କରିବା -

1 8	6 9	6 9
(ଶତାବ୍ଦୀ)	J P	J ee P

J ଓ P ଦେଖୁଦେଖୁ ମୁଣ୍ଡରେ ଢୁକିବ 'Jeep' ଶବ୍ଦ ।

ମେମୋରୀ ଚିତ୍ର :- ମହାତ୍ମାଗାନ୍ଧୀ ଫୁଲ ସ୍ପିଡରେ Jeep drive କରୁଛନ୍ତି ।

୭. ଧରାଯାଉ Silver (ରୁପା)ର Melting Point 1950°C ବୋଲି ମନେରଖିବାକୁ ହେବ ।

1 9 5 0	1 9 5 0
T b l s	Tab Les

TBLS ରୁ TABLES ଶବ୍ଦ ନିଷ୍ପନ୍ନ ହେବ ।

ମେମୋରୀ ଚିତ୍ର :- କଳ୍ପନା କରାଯାଉ, ଆଉ ଡ୍ରଇଂରୁମ୍‌ରେ ଥିବା Tableଟି ତରଳିଯାଇ ରୁପାର ମେଜରେ ପରିଣତ ବା ରୁପାନ୍ତରିତ ହେଇଯାଇଛି ।

ଏଥର ଆମେ ନିଜେ ଅନୁଭବ କରିପାରିଲୁ ଯେ ଫୋନେଟିକ ମେମୋରୀ ଇ-ୁଭିଂ ମେଥଡ଼ଟା କେତେ କାର୍ଯ୍ୟକାରୀ ଓ ଶୀଘ୍ରାତିଶୀଘ୍ର ଫଳପ୍ରସୂ । ଯଦି ଆମେ ଉକ୍ତ ପଦ୍ଧତି ସହାୟତାରେ ମନେରଖିବାକୁ ଚେଷ୍ଟା କରିବା ତେବେ ଭ୍ରମରେ କଦାପି ପଡିବା ନାହିଁ । ପୂର୍ବ ଉଦାହରଣରେ ଆମେ lead ସୀସାର ମେଲ୍‌ଟିଂ ପଏଣ୍ଟ 327ºC ବୋଲି ଜାଣିପାରିଲେ ।

ଏଥର ମୁଁ ଆପଣଙ୍କୁ ପ୍ରଶ୍ନ କରିବି ଯେ, lead ର Melting Point କେତେ ? 327ºC ନା 237ºC ?

ଯଦି ଜଣେ କେବଳ ସଂଖ୍ୟାକୁ ଘୋଷିଥିବ, ସେ ହୁଏତ ଭୁଲିଯାଇପାରେ ବା ଭ୍ରମିତ ହେଇପାରେ; କିନ୍ତୁ ଯିଏ 327ºC(Monkey) କଥା ମନେ ରଖିଛି; ସେ କଦାପି ଏହାର ପ୍ରକୃତ ଉତ୍ତର ଭୁଲିବ ନାହିଁ । ଯଦି ମାଆ ଆମକୁ ବଜାରରୁ ଲୁଣ ବା NAMAK (Salt) କିଣି ଆଣିବାକୁ କୁହନ୍ତି ତେବେ ଆମେ କଦାପି Monkey କିଣି ନେବାନି ? ଠିକ୍ ଏହିଭଳି ଫୋନେଟିକ ମେଥଡ ଆମକୁ ମନେ ପକେଇ ଦେବ ଯେ, Leadର Melting Point-Monkey ଅର୍ଥାତ୍ 327ºC ଅଟେ ।

[illegible]

[illegible]

୧ .ଆମ ମସ୍ତିଷ୍କ କିପରି କାମ କରେ

କୌଣସି ନୂଆ ବହି କିମ୍ବା ନୂଆ ପୋଷାକ(ଲୁଗା) କିଣିଲା ପରେ ଆମେ ପ୍ରାୟ ସବୁ ଜାଗାରେ ଠିକ୍ ସେହିଭଳି ପୋଷାକ ବା ବହି, ଖୋଜିବାକୁ ଲାଗୁ କାହିଁକି ? ନିଶ୍ଚିତ ଭାବରେ ସ୍ୱାଭାବିକ କଥା ଯେ, ଆମେ ଏସବୁ ପ୍ରତି ଏପର୍ଯ୍ୟନ୍ତ ଦୃଷ୍ଟି ଦେଇ ନଥିଲୁ , କିମ୍ବା ଖୋଜାଖୋଜି କରୁ ନଥିଲୁ ।

ଆମ ମସ୍ତିଷ୍କର ଗୋଟିଏ ଭାଗ ଏଭଳି ସୂଚନା ଓ ଆଇଡିଆ ସବୁକୁ ଗ୍ରହଣ କରିଥାଏ, ଯାହା ଅସ୍ତିତ୍ୱ ସକାଶେ ଏକାନ୍ତ ଅପରିହାର୍ଯ୍ୟ । ଯଦି ଆମେ ନିର୍ଦ୍ଧିଷ୍ଟ ଲକ୍ଷ୍ୟସ୍ଥଳ ବାଛି ନାହୁଁ କିମ୍ବା ଠିକ୍ ମାର୍ଗ ଅକ୍ତିଆର କରିନାହୁଁ ତେବେ ଭାବିବାକୁ ହେବ ଯେ, ଆମେ ଆମ ସ୍ୱପ୍ନକୁ ସାକାର କରିବା ସକାଶେ କାର୍ଯ୍ୟକ୍ରମ ସ୍ଥିର କରିନୁ । ଆମେ ଆମ ମସ୍ତିଷ୍କକୁ ପ୍ରଶିକ୍ଷିତ କରିବା କ୍ଷଣି R.A.S. ଅର୍ଥାତ୍ 'ରେଟିକୁଲାର ଏକ୍ଟିଭେଟିଂ ସିଷ୍ଟମ' କୁ ମଧ୍ୟ ଟ୍ରିଗର କରିଥାଉ । ମସ୍ତିଷ୍କର ଏକ ଅଂଶ ଚୁମ୍ବକ ସଦୃଶ ଉକ୍ତ ସୂଚନା ଓ ସୁଯୋଗକୁ ନିଜ ଆଡ଼କୁ ଟାଣିଥାଏ; ଯାହା ଆମ ଲକ୍ଷପ୍ରାପ୍ତିରେ ସହାୟକ ଅଟେ ।

ଜୀବନରେ ପରିବର୍ତ୍ତନ ସକାଶେ ଏହି ନ୍ୟୁରୋଲୋଜିକାଲ ସୁଇଚ୍‌କୁ ଟିପିବାକୁ ହେବ ।   (ନିର୍ଦ୍ଦେଶ:ବିଗ୍ଧରଯାତ୍ରା)

୨ .ନିଜ ଲକ୍ଷ୍ୟକୁ ସଦାସର୍ବଦା ଅନୁଭବ କରୁଥା'ନ୍ତୁ

କଳ୍ପନା କରିବା ଯେ ବର୍ଷେ ପୂର୍ବରୁ ଆମେ ଆମ ଲକ୍ଷ୍ୟସ୍ଥଳରେ ପହଞ୍ଚିସାରିଛୁ । ଏତତଦ୍ୱାରା ଆମେ କ'ଣ ବା କିପରି ଅନୁଭବ କରୁଛୁ ? ଏ ପ୍ରଶ୍ନଟି ଆମ ଲକ୍ଷ୍ୟପ୍ରାପ୍ତି ସକାଶେ ବେଶ୍ ଗୁରୁତ୍ୱପୂର୍ଣ୍ଣ ଅଟେ ।

ଆମକୁ 'କାହିଁକି'? ଟିଏ ଦରକାର । ତାକୁ କିଭଳି ହାସଲ କରାଯାଇପାରେ, ତା'ର ବାଟ ଆମେ ନିଜେ କାଢ଼ିନେବା । ବର୍ଷକରେ ଗ୍ଧରୋଟି ବୃହତ୍ ଲକ୍ଷ୍ୟସ୍ଥଳ ବାଛି, ତା'ର କାରଣ, କମିଟିମେଣ୍ଟର ଲେବଲ ଓ ଲକ୍ଷ୍ୟପ୍ରାପ୍ତି ସଂପର୍କିତ ଆବଶ୍ୟକ ପଦକ୍ଷେପ ବିଷୟରେ ଗୋଟିଏ ପାରାଗ୍ରାଫ୍ ଲେଖିବା ।

ନିର୍ଦ୍ଦେଶ: ବ୍ରୁସଲିର (ସିକ୍ରେଟଲେଟର) ପଢ଼ିବା)

୩.ବିଫଳତା ହିଁ ସଫଳତା ଆଡକୁ ଆଗେଇ ନିଏ

ଯଦି ପ୍ରଥମେ ପ୍ରଥମେ ଲକ୍ଷ୍ୟସ୍ଥଳରେ ପହଞ୍ଚିବା ଅସମ୍ଭବ ମନେହୁଏ, ତେବେ କ'ଣ ଆମେ ଆଶା ଛାଡିଦେବା ନା ଚେଷ୍ଟା କରୁଥିବା ? ଆମେ ନିଶ୍ଚିତ ଭାବରେ ଚେଷ୍ଟା ଚଳେଇବା ଉଚିତ୍ ।

ଯେକୌଣସି ବ୍ୟକ୍ତି ସକାଶେ ଦୃଢ଼ ମନୋଭାବ ହେବା ବେଶ୍ ଗୁରୁତ୍ୱପୂର୍ଣ୍ଣ । କେବଳ ସାମାନ୍ୟ ରୁଚି ଦେଖେଇଲେ ହେବନି, ବରଂ ପାରୁପର୍ଯ୍ୟନ୍ତ ଚେଷ୍ଟା କରିବାକୁ ହେବ । ହେଇପାରେ ଛୋଟ ଛୋଟ ବିଫଳତା ସବୁ ଆଗାମୀ ସଫଳତାର ସୁଦୃଢ଼ ଭିତ୍ତିପ୍ରସ୍ତର ଭାବେ ବିବେଚିତ ହେବ ।

ବିଫଳ ପ୍ରୟାସର ମୂଲ୍ୟାଙ୍କନ କରି ଶିକ୍ଷା ନେବା ଦରକାର । କ'ଣ ଆମେ ଏହି ପ୍ରାରମ୍ଭିକ ବିଫଳତାକୁ ଆଗାମୀସଫଳତା ସକାଶେ ବିନିଯୋଗ କରିପାରିବା କି ?

ଥମସ୍ ଏଡିସନ ଗୋଟିଏ ବିଜୁଳିବତୀ ଉଦ୍‌ଭାବନ କରିବା ପୂର୍ବରୁ ଅନେକ ବିଫଳ ପ୍ରୟୋଗ କରିଥିବାରୁ, ରିପୋର୍ଟର ତାଙ୍କୁ ପ୍ରଶ୍ନ କଲେ "ଶ୍ରୀଯୁକ୍ତ ଏଡିସନ ! ଆପଣ ନିଜ ବିଫଳତା ସମ୍ବନ୍ଧରେ କିଛି କହିବେ କି ?"

ଏଡିସନ ଉତ୍ତରରେ କହିଲେ, "ଏହା ବିଫଳତା ନୁହଁତ ! ଏଥର ବା ଏଇନା ମୁଁ ଜାଣିସାରିଛି ଯେ, କେଉଁ ୧୦,୦୦୦ ପଦ୍ଧତି ଅନୁସରଣ କଲେ ମଧ୍ୟ ବିଜୁଳିବତୀ ତିଆରି କରିବା ସମ୍ଭବ ନୁହଁ ।"

ନିର୍ଦ୍ଦେଶ:ଜଣେ ଗବେଷକ କିଭଳି ହେବା, ପଢ଼ନ୍ତୁ ।

୪.ଜୀବନ ସଂଘର୍ଷର ପ୍ରତି ମୁହୂର୍ତ୍ତ ଆନନ୍ଦଦାୟକ

ଖୁସି ଓ ଆନନ୍ଦକୁ ଉପେକ୍ଷା କରାଯାଇନପାରେ । ଜୀବନରେ ପ୍ରକୃତ ଆନନ୍ଦ ପାଇବାକୁ ହେଲେ କୌଣସି ବୃହତ୍ ଲକ୍ଷ୍ୟପ୍ରାପ୍ତିକୁ ଅପେକ୍ଷା କରିବା ଆବଶ୍ୟକ ନୁହଁ । ବରଂ ଛୋଟ ଛୋଟ ଲକ୍ଷ୍ୟ ମଧ୍ୟ ବେଶ୍ ଗୁରୁତ୍ୱପୂର୍ଣ୍ଣ ଅଟନ୍ତି । "ଯାହା ଘଟୁଛି" ତା'ର ପ୍ରତି ମୁହୂର୍ତ୍ତକୁ ନେଇ ଖୁସି ହେଇ ବଞ୍ଚିବା କଥା ।

ଆମ ଜୀବନର ପ୍ରଗତି କୌଣସି ଏକ ବୃହତ୍ ଲକ୍ଷ୍ୟପ୍ରାପ୍ତିଦ୍ୱାରା ସ୍ଥିର କରାଯାଇପାରିବ ନାହିଁ । ବରଂ ଆମେ ଯେଉଁ ରାସ୍ତା ବାଛିଛୁ ତାହା ହିଁ ଗୁରୁତ୍ୱପୂର୍ଣ୍ଣ । ଆମେ ଆମ ଦିଗ ନିର୍ଣ୍ଣୟ କରି ଲକ୍ଷ୍ୟଆଡକୁ ଆଗେଇ ଚାଲିବା ବିଧେୟ ।

ନିର୍ଦ୍ଦେଶ : ଆତ୍ମବିଶ୍ୱାସ ବୃଦ୍ଧିର କୌଶଳ-ସେଲ୍ଫଟକ ।

୫.ଲକ୍ଷ୍ୟ ପ୍ରାପ୍ତି ସମୟରେ ନିଜକୁ କିପରି ଉତ୍ସାହିତ କରିବା

କୌଣସି ଏପରି ଏକ ଲକ୍ଷ୍ୟ କଥା ମନେ ପକେଇବା ଯାହା ଆମେ ହାସଲ କରିସାରିଛୁ । ତା'ପରେ ଦେଖିବା ଯେ ସେଥିରେ କ'ଣ ସବୁ ବାଧାବିଘ୍ନ ଆସିଥିଲା ଓ ଆମେ କିପରି ସେସବୁକୁ ଦୂରେଇ ଦେଲୁ ।

କୌଣସି ନୂତନ ସ୍ୱପ୍ନ ବା ମନବାଞ୍ଛା କଥା ଚିନ୍ତା କଲାବେଳେ ବାଧାବିଘ୍ନକୁ ଭୃକ୍ଷେପ କରିବା ନାହିଁ । କାହିଁକିନା ଆମେ ଆଗରୁ ଅନେକ ଅସୁବିଧାର ସମ୍ମୁଖୀନ ହେଇସାରିଛୁ ।

ଜିଣିବାର ଇଚ୍ଛା, ସଫଳ ହେବାର ସିଦ୍ଧାନ୍ତ ତଥା ଜୀବନକୁ ଆୟତ୍ତାଧୀନ କରିବାର କୌଶଳ ବିକଶିତ କରିବା । ପ୍ରଥମ ପଦକ୍ଷେପ ହେଲା ଲକ୍ଷ୍ୟକୁ ଠିକ୍ ଭାବରେ ଚିହ୍ନି, ଭାବିନେବା ଯେ କୌଣସି ଅସୁବିଧା ହେବ ନାହିଁ । ଏଣୁ ଲକ୍ଷ୍ୟପ୍ରାପ୍ତି ସକାଶେ ଦୃଢ଼ମନା ହେବା ଉଚିତ ।

ନିର୍ଦ୍ଦେଶ: ଖେଳର ସଫଳତା ପାଇଁ ମେଣ୍ଟେଲ ମୁଭି ।

୬.ଜୀବନ ଏକ ସୁଖଦୁଃଖର ଖେଳ

ସୁଖଦୁଃଖ ଆମ ଭାଗ୍ୟକୁ କିଭଳି ଗଢ଼ିଥାନ୍ତି ? ଆମେ ଦୁଃଖକଷ୍ଟକୁ ଖୁସିରେ ପରିଣତ କରିବାର କୌଶଳ ଜାଣୁ । କେତେ ଲୋକ ଦୁଃଖରୁ ମୁକୁଳିବା ପାଇଁ Smoking, Drinking କରିଥାନ୍ତି ଆଉ କେତେଲୋକ ଆବଶ୍ୟକରୁ ଅଧିକ ଖାଦ୍ୟ ଖାଦ୍ୟ ଖାଇ ସୁଖୀ ହୁଅନ୍ତି । ହେଲେ କେତେକ ଲୋକ ଏମିତି ବି ଅଛନ୍ତି, ଯେଉଁମାନେ ମାନସିକ ଚାପରୁ ରକ୍ଷାପାଇବାକୁ ହେଲେ ବହି ପଢ଼ନ୍ତି, ସଂଗୀତ ଶୁଣିଥାନ୍ତି କିମ୍ବା ବ୍ୟାୟାମ ମଧ୍ୟ କରିଥାନ୍ତି ।

ଦୁଃଖକଷ୍ଟରୁ ମୁକ୍ତିପାଇ ଖୁସି ଆଡକୁ ଯିବା ପଥ ଅକ୍ତିଆର କରିବାର ଏକ ତାଲିକା କରିବା, ଆସନ୍ତୁ । ଆନନ୍ଦିତ ହେବାର ଅନ୍ୟ କୌଣସି ସକାରାତ୍ମକ ପଦ୍ଧତି ଅଛି କି ? ନିର୍ଦ୍ଦେଶ : ବଦଭ୍ୟାସରୁ ମୁକ୍ତି ପାଇଁ ରବର ବେଣ୍ଡ ପଦ୍ଧତି ପଢ଼ନ୍ତୁ ।

୭.ଦୟାକରି ଦୃଷ୍ଟି ଦିଅନ୍ତୁ

ଆମେ ଅଧିକାଂଶ ସମୟରେ କାମଟାକୁ ସ୍ଥଗିତ ରଖିଦେଉ, ଯଦ୍ୱାରା ଆମ ଅସୁବିଧା ଅନେକ ଗୁଣରେ ବଢ଼ିଯାଏ । ଆମେ କାମକୁ କାଲି,ପଅରଦିନ, ଅପରଦିନ କହି ଯେତେ ଘୁଞ୍ଚେଇ ନେବା ସେତେ ଦୁଃଖକଷ୍ଟ ଭୋଗିବା । ଏଭଳି ଚାରୋଟି କାମ କୁହନ୍ତୁ ଯାହାକୁ ଆମେ ସ୍ଥଗିତ କରିଆସୁଛୁ । ତା'ର ଏକ ତାଲିକା ପ୍ରସ୍ତୁତ କରି ନିମ୍ନଲିଖିତ ପ୍ରଶ୍ନଗୁଡିକର ଉତ୍ତର ଦିଅନ୍ତୁ :-

୧. ମୁଁ ଏକାମ କାହିଁକି କଲି ନାହିଁ । ଅତୀତରେ ଏଭଳି କ'ଣ କଷ୍ଟ ଥିଲା ?
୨. କ'ଣ ଏଭଳି ନକାରାତ୍ମକ ଭାବଧାରା ପୂର୍ବରୁ ମୁଁ କେବେ ଖୁସିଥିଲି କି ?
୩. ଯଦି ମୁଁ ବର୍ତ୍ତମାନ ନିଜକୁ ପରିବର୍ତ୍ତନ ଆଣିବିନି ତେବେ କି ପ୍ରଭାବ ପଡ଼ିବ ? ସେଥିରେ ମୁଁ କ'ଣ ଅନୁଭବ କରିବି ?
୪. ଏସବୁ କାମକୁ ଏଇନା ଆରମ୍ଭ କଲେ ମୁଁ କେତେ ଖୁସି ହେବି ?

ଆମେ ଭାବୁ ଯେ ଆମ ପାଖରେ ପ୍ରଚୁର ଅର୍ଥ ହେବ, ଆଦର୍ଶ ଜୀବନ ସାଥୀଟିଏ ହେବ, ଆମେ ପୂରାପୂରି ସୁସ୍ଥ ଓ ସବଳ ହେବା .... କିମ୍ବା ଆମେ ପ୍ରସିଦ୍ଧ ବ୍ୟକ୍ତି ହେଲେ ହିଁ ଖୁସି ହେବା ।

କୌଣସି ସଫଳତା ଆମକୁ ପୂର୍ଣ୍ଣତା ପ୍ରଦାନ କରେନି ବରଂ ଆମ ମନର ଅବସ୍ଥା ହିଁ ଆମକୁ ଖୁସି ବା ପ୍ରସନ୍ନ କରିଥାଏ । ଏଣୁ ନିଜକୁ ଏହି ମୁହୂର୍ତ୍ତରୁ ପ୍ରସନ୍ନ ରଖିବାକୁ ହେବ । ନିର୍ଦ୍ଦେଶ : ସିଦ୍ଧାନ୍ତ

୮. ଯେକୌଣସି ସମୟରେ ଆନନ୍ଦିତ ହେବାର କୌଶଳ

ଆମେ ନିଜକୁ କିପରି ଆନନ୍ଦିତ କରିପାରିବା ? କ'ଣ ଏହି କ୍ଷଣି ଆମେ ନିଜକୁ ଖୁସି, ଆନନ୍ଦ ବା ପରମାନନ୍ଦରେ ଅଛୁ ବୋଲି ଅନୁଭବ କରିପାରିବା ?

କୌଣସି ଏଭଳି ଅନୁଭୂତିକୁ Visualize କରିବା ଯେଉଁଥିରେ ଆମେ ଖୁବ୍ ଖୁସି ବା ଆନନ୍ଦିତ ହେଇଥିଲୁ । ଆମ ମନ ମଧ୍ୟରେ ସେଭଳି ଭାବ ଆଣିବା, ସେଭଳି ଶ୍ୱାସକ୍ରିୟା କରିବା ଯେପରି ଆମେ ଠିକ୍ ସେହି ସମୟରେ କରୁଥିଲୁ । ଆମ ହୃଦୟର ହୃତ୍କ- (ଧକ୍ଧକ) ତଥା ନାଗନାଡ଼ି ଓ ଶରୀରର ବିଭିନ୍ନ ଅବୟବକୁ ସେହିଭଳି ହଲେଇବା ଯେପରି ଆଗରୁ ହଲଉଥିଲୁ । ହେଲେ ସେଭଳି କିଛି ଉତ୍ସାହ ବା ଉତ୍ତେଜନା ଆମ ମନରେ ଆସିଲା କି ? ଆମେ ଗୃହିଁଲାକ୍ଷଣି ଯେତେବେଳେ ମଧ୍ୟ ଶୋଇପାରିବା ? ଏହା ସମ୍ଭବ କି ?ଫୋକସ୍ ଚେଞ୍ଜକରି ଆନନ୍ଦିତ ହେଇ ପାରିବା କି !

ଯେକୌଣସି ଅନୁଭୂତିକୁ ଆମେ କେଉଁ କେଉଁ ଉପାୟରେ ପୁଣିଥରେ ପାଇପାରିବା । ଆମ ଦେହରେ ଅନେକ ଅନୁଭବ ସଂଚିତ ହେଇଥାଏ । ଏହି ଦୁଇ ରହସ୍ୟକୁ ମନେ ରଖିବା –

୧. Mental focus change.
୨. କୌଣସି ଅବିସ୍ମରଣୀୟ ଘଟଣାକୁ Visualize କରିବା ।

ନିର୍ଦ୍ଦେଶ : ପ୍ରସନ୍ନ ବିଜ୍ଞାନ

୯.ଇମୋସନର ସଂପର୍କ ଫିଜିଓଲୋଜି ସହିତ ଥାଏ

ଆମ ଫିଜିକାଲ Test Change କରିବା ମଧ୍ୟ ଖୁବ୍ ଗୁରୁତ୍ୱପୂର୍ଣ୍ଣ ଅଟେ । ଯଦି ଜଣେ ବ୍ୟକ୍ତି ଅତ୍ୟଧିକ ରାଗିଯାଇଛନ୍ତି ତେବେ ସେ ବିଡି, ସିଗାରେଟ ଟାଣିବେ ବା ମଦ ପିଇବେ । କିନ୍ତୁ ଏଠାରେ ନର୍ମାଲ ହେବା ପାଇଁ ଧ୍ୟାନମୁଦ୍ରା, ସଂଗୀତ ବା ବ୍ୟାୟାମର ସାହାଯ୍ୟ ନିଆଯାଇପାରେ । ଦୁର୍ବଳ ସ୍କନ୍ଧ, ମଳିନ ମୁଖମୁଦ୍ରା ଏକ ପ୍ରକାର Low Imotional Frame ହୋଇପାରେ । ଆମେ ଉତ୍ସାହିତ ବା ପ୍ରମୋଦିତ ହେଲେ ଆମ ମୁଣ୍ଡ ଆପେ ଆପେ ସିଧା ରହେ, ସ୍କନ୍ଧ ଟାଣିହୋଇ ଶକ୍ତ ହୁଏ ତଥା ଘନଘନ ନିଶ୍ୱାସ ପ୍ରଶ୍ୱାସ ଚ଼ଳିଥାଏ ।

ଆମେ ଆମ ଶରୀର ବିଜ୍ଞାନରେ ପରିବର୍ତ୍ତନ ଆଣି ଭାବନ୍ତର ସୃଷ୍ଟି କରିପାରିବା । କାରଣ ପ୍ରତ୍ୟେକ ଅନୁଭୂତ ଭାବ ସହ ଆମ ଶାରୀରିକ ଲକ୍ଷଣ ସଂପର୍କିତ ।

ଏକଥା ବୁଝିବାକୁ ହେବ ଯେ, ଆମ ଶରୀର ବିଜ୍ଞାନରେ ପରିବର୍ତ୍ତନ ଏବଂ ଲକ୍ଷ୍ୟସ୍ଥଳକୁ ନୂତନ ଦିଗ ନିର୍ଦ୍ଧାରଣ କରି ଆମେ ଚିନ୍ତାଧାରାର ରେଞ୍ଜକୁ ବୃଦ୍ଧି କରିପାରିବା । ସକାରାତ୍ମକ ଚିନ୍ତାଧାରା ଅନୁଭୂତ ହେବା ସଂଗେ ସଂଗେ ଶରୀର ଆପେ ଆପେ ତା'ର ହାବଭାବ ବଦଳାଇ ଦେଇଥାଏ । ଏହାକୁ ଆମେ ହୃଦବୋଧ କରିବା ଉଚିତ ।

ନିର୍ଦ୍ଦେଶ : ପାଟି କରୁଥିବା Boss ସକାଶେ ନିଜସ୍ୱ ସଂଗ୍ରହାଳୟ; ପଢ଼ନ୍ତୁ ।

୧୦.ବ୍ୟତିବ୍ୟସ୍ତ ହେଲାମାତ୍ରେ ଏହାକୁ ମନେ ପକାନ୍ତୁ

ନିଜ ଜୀବନରେ କେବେ ନିଜକୁ କ୍ରୋଧିତ, କୁଣ୍ଠିତ କିମ୍ବା ପରଶ୍ରୀକାତର ହେବା ଅନୁଭବ କରିଥିବେ ନିଶ୍ଚୟ । ଆଜି ସେକଥା ମନେ ପଡ଼ିଲେ ବୋଧହୁଏ ହସମାଡିପାରେ । ହସନ୍ତୁ, ମନଖୋଲି ହସିଲେ ଯାଇ ସେଭଳି ପରିସ୍ଥିତିରୁ ନିଜକୁ ସବୁଦିନ ପାଇଁ ମୁକ୍ତ କରିପାରିବେ । ଆଉଥରେ ହସନ୍ତୁ । ଏଥର କୁହନ୍ତୁ ଯେ, ପୂର୍ବାପେକ୍ଷା କ'ଣ ଅନୁଭବ କରୁଛନ୍ତି ?

ନିର୍ଦ୍ଦେଶ : ସଂଘର୍ଷ କରନ୍ତୁ ।

୧୧.ଫୋକସ - ଏମୋସନ-ଏକ୍ସନ : ଇକ୍ସେନ୍ସନ

କେବେ ହୁଏତ ଏଭଳି ମୁହୁର୍ତ୍ତ ଆସିଥାଇପାରେ ଜୀବନରେ ଆମେ ଆମ ସାଂଗକୁ ଘରକୁ ଡାକିଥିବୁ ଅଥଚ଼ ସେ ଆସିବାରେ ବିଳମ୍ବ ହେଉଥିବ । ସେତେବେଳେ ଆମେ କ'ଣ Feel କରୁଥିବା ?

ହେଇପାରେ, ଆମ କଥାକୁ ସେ ଗ୍ରହଣ କଲେନି ! କିମ୍ବା ଭୃକ୍ଷେପ କରୁନାହାନ୍ତି । ଅଯଥାରେ ଅପେକ୍ଷା କରିବାକୁ କୁହାଗଲା ! ଆମେ ବ୍ୟତିବ୍ୟସ୍ତ ହେଲେ ନା ନାହିଁ ? ହୁଏତ, ବନ୍ଧୁଙ୍କର କେଉଁଠି ଦୁର୍ଘଟଣା ହେଇଗଲା କି ? ନା, ଆମ ପାଇଁ ଫୁଲତୋଡ଼ା କିଣିବାରେ ଅଟକି ଗଲେ ?

୧. ଆମ ଫୋକସ ହିଁ ଭାବନାକୁ ଜନ୍ମ ଦେଇଥାଏ ।

୨. ଭାବନାକୁ ନେଇ ଆମ କର୍ମ ନିଃସୃତ ହୁଏ ।

ଯଦି ଆମେ ଲଗାତାର ମନକୁ ଭୟଭୀତ କରିବା, ସଶଙ୍କିତ ହେବା ତେବେ ହୁଏତ ଆମ ଭୟଟା ସତ୍ୟ ହେଇଯାଇପାରେ । ଯଥା : କ୍ଷୀପ୍ର ବେଗରେ ଗାଡ଼ି ଚଳେଇଲାବେଳେ ଅଗ୍ଯନକ ସ୍ଲିପ୍ ହେଲେ ଆମେ ସମ୍ଭାଳି ନେଇଥାଉ; ଏହା ଏକପ୍ରକାର Relax Action ଅଟେ । କିନ୍ତୁ ବେଶି ଭୟଭୀତ କିମ୍ବା ଆଶଙ୍କା କଲେ ହୁଏତ ଦୁର୍ଘଟଣା ଘଟିପାରେ ।

ଏଣୁ ଭୟନକରି, ନିଜ ଜୀବନକୁ ଆଗେଇ ନିଅନ୍ତୁ ।

ଯାହା ଆମେ ପ୍ରକୃତରେ ଗ୍ହୁଁ ସେଥିପ୍ରତି ଦୃଷ୍ଟି ଦେଲେ, ଉଦ୍‌ଭାସିତ ରାସ୍ତା ଆପେ ଆପେ ଦେଖାଦେବ ।

ନିର୍ଦ୍ଦେଶ : ମେଣ୍ଟାଲ ମୁଭି ବିଜ୍ଞାନ, ପଢ଼ନ୍ତୁ ।

୧୨.ଉଚିତ ପ୍ରଶ୍ନ - ଉଚିତ ସିଦ୍ଧାନ୍ତ

ଦିନକର ଘଟଣା । ଜଣେ ପିଲାକୁ ନବମ ଶ୍ରେଣୀର ଅନ୍ୟ ଏକ ଦୁଷ୍ଟ ପିଲା ପିଟି ପକେଇଲା । ସେପିଲା ମଧ୍ୟ ପ୍ରତିଶୋଧ ନେବ ବୋଲି ବନ୍ଧୁକଟିଏ ଆଣି ଗୁଳି କରିବାକୁ ବସିଲା ।

ଗୁଳି ଫୁଟିବା ପୂର୍ବରୁ ସେ ନିଜକୁ ପ୍ରଶ୍ନ କଲା, - ଯଦି ମୁଁ ଏହାକୁ ଗୁଳି କରିଦିଏ ତେବେ କ'ଣ ହେବ ?

ତା' ଆଖି ଆଗରେ ଜେଲଖାନାର ଦୃଶ୍ୟ ଦେଖାଗଲା । ସେ ପିଲା ପ୍ରତିଶୋଧ ନେବା ପରିବର୍ତ୍ତେ ଅନ୍ୟ ଏକ ଗଛକୁ ଲକ୍ଷକରି ଗୁଳି ଫୁଟାଇଲା । ସେ ପିଲାର ନାମ

ହେଉଛି- 'ବୋ ଜେଷ୍ଟନ' । କ୍ଷଣିକ ମଧ୍ୟରେ ମନ ପରିବର୍ତ୍ତନ ହେଇଥିବା ପିଲା ଆଗାମୀ ଦିନରେ ଜଣେ ମହାନ୍ କୃତୀ ଖେଳାଳି ଭାବରେ ପରିଗଣିତ ହେଲା । ଏଣୁ ନିଜେ ନିଜକୁ ସଠିକ୍ ପ୍ରଶ୍ନ କରି ପରିବର୍ତ୍ତନ କରନ୍ତୁ ।

ନିର୍ଦ୍ଦେଶ : ମର୍ଣ୍ଣି ପାଓ୍ୱାର ପ୍ରଶ୍ନ ।

୧୩.ସଠିକ୍ ପ୍ରଶ୍ନ

ଦୁଃଖକଷ୍ଟକୁ ପରିବର୍ତ୍ତିତ ଆଉ ଖୁସି ବା ଆନନ୍ଦକୁ ଅପରିବର୍ତ୍ତିତ ରଖନ୍ତୁ ।

୧. ଯଦି ମୁଁ ନିଜକୁ ପରିବର୍ତ୍ତନ ନ ଆଣିବି ତେବେ କିଭଳି ପ୍ରଭାବ ପଡ଼ିବ ?

୨. ମୋପାଇଁ ପରିବର୍ତ୍ତନ କେତେ ଗୁରୁତ୍ୱପୂର୍ଣ୍ଣ ? ଯଦି ମୁଁ ପରିବର୍ତ୍ତିତ ହେବି ନାହିଁ, ତେବେ ମୋର କ'ଣ କ୍ଷୟକ୍ଷତି ହେଇପାରେ ?

୩. ଭାବାତ୍ମକ, ଶାରୀରିକ, ଆର୍ଥିକ ତଥା ଆଧ୍ୟାତ୍ମିକ ଭାବରେ ନିଜକୁ ଚିହ୍ନିବା ।

୪. କ'ଣ ଏକଥା ମୋ କର୍ମ ତଥା ସଂପର୍କକୁ ପ୍ରଭାବିତ କରେ କି ?

ଏଥର ନିଜକୁ ପ୍ରଶ୍ନ କରନ୍ତୁ :-

୧. ପରିବର୍ତ୍ତନ ପରେ ମୁଁ କ'ଣ ଅନୁଭବ କରିବି ?

୨. ମୋ ଜ୍ଞାତି କୁଟୁମ୍ବମାନେ କ'ଣ ଅନୁଭବ କରିବେ ?

୩. ମୁଁ କେତେ ଖୁସି ହେବି ?

ନିର୍ଦ୍ଦେଶ : ଆତ୍ମବିଶ୍ୱାସ ବୃଦ୍ଧିର କୌଶଳ - ସେଲ୍ଫ ଟକ୍ ।

୧୪.ଉଚିତ ପ୍ରଶ୍ନର ତନ୍ତୁ କିଭଳି କାମ କରେ

ଯାହା ଆମେ ଖୋଜୁଛୁ, ସେଥିପ୍ରତି ଯତ୍ନବାନ ହେବା । ନିମ୍ନଲିଖିତ ଅନୁଭୂତ ତଥ୍ୟକୁ ଉଦାହରଣ ରୂପରେ ଗ୍ରହଣ କରିବା । ଏହାକୁ ଏକ ନିର୍ଜନ ସ୍ଥାନରେ କରିବା । ନିଜ ଆଖପାଖ ପରିବେଶକୁ ଦୃଷ୍ଟି ଦେଇ ନିଜକୁ ପ୍ରଶ୍ନ କରିବା, "ମୁଁ ହଳଦିଆ ରଙ୍ଗ କେଉଁ କେଉଁଠାରେ ଦେଖେ ?" ପ୍ରତ୍ୟେକ ରଂଗୀନ ଚିତ୍ରକୁ ମନେ ପକେଇବା । ହେଇପାରେ ସବୁକିଛି ବାଦାମୀ ବା ଧୂସର ଦେଖାଯାଇପାରେ, ସବୁଜ ପରିବର୍ତ୍ତେ ।

ଏଥର ଆଖି ଖୋଲି ଦେଖିଲେ - ଯାହା ଯାହା ସବୁଜ ଥିବ ଦେଖାଯିବ । 'ମାଗିଲେ, ତମକୁ ମିଳିବ ।'

ନିର୍ଦ୍ଦେଶ : ହ୍ୟୁମେନ ଏଣ୍ଟିନା ।

୧୫.ନିଜ ବାଥରୁମର କବାଟରେ ମାରନ୍ତୁ ।

୧. ମୁଁ ମୋ ଜୀବନରେ ବର୍ତ୍ତମାନ କ'ଣ ପାଇଁ ବେଶି ଖୁସି ?

୨. ମୁଁ ମୋ ଜୀବନରେ ବର୍ତ୍ତମାନ କ'ଣ ପାଇଁ ପ୍ରୟାସରତ ? ଏଥିରେ ଏପରି କ'ଣ ଅଛି, ଯାହା ମନରେ ଉତ୍ସାହ ଜନ୍ମାଉଛି ?

୩. ମୁଁ ଆଜି କାହାକୁ କ'ଣ ଦେଲି ? କି ପ୍ରକାର ସହାୟକ ହେଲି ?

୪. ଆଜି ମୁଁ କ'ଣ ଶିଖିଲି ?

୫. ମୁଁ ମୋ ଜୀବନକୁ ଆଜି କିଭଳି ଭାବରେ ସମୃଦ୍ଧ ଓ ସଂପୁଷ୍ଟ କଲି ? ମୁଁ ଆଜିଟାକୁ ଭବିଷ୍ୟତ ଉଦ୍ଦେଶ୍ୟରେ କିଭଳି ବିନିଯୋଗ କଲି ?

ନିର୍ଦ୍ଦେଶ : ଡାଏରୀ ଅଫ୍ ଏକ୍ସିଲେନ୍‌ସ, ପଢ଼ନ୍ତୁ ।

୧୬.କଳ୍ପନା ଅସମ୍ଭବକୁ ସମ୍ଭବ କରିଦିଏ

ଅଧିକନ୍ତୁ ଆମ ମସ୍ତିଷ୍କ ବାସ୍ତବିକ ଅନୁଭୂତି ଆଉ କଳ୍ପନା ମଧ୍ୟରେ ପ୍ରଭେଦ କରିପାରେ ନାହିଁ । ଯଥା :-ଆଇନଷ୍ଟାଇନ ମଧ୍ୟ କହିଥିଲେ - "କଳ୍ପନା, ଜ୍ଞାନଠାରୁ ବେଶ୍ ଶକ୍ତିଶାଳୀ ।"

କେତେକ ଲୋକ ନୂତନ ଅନୁଭୂତିଠୁ ଦୂରେଇ ରହନ୍ତି, ଅଥଚ ଅନ୍ୟ କେତେକ ନୂଆ ନୂଆ ଅନୁଭୂତି ହାସଲ କରିବାକୁ ଚାହାନ୍ତି ; କାହିଁକିନା ସେମାନେ ପୂର୍ବରୁ ଇପ୍‌ସିତ ସୁଫଳ (ଫଳାଫଳ) କଥା କଳ୍ପନା କରି ସାରିଛନ୍ତି ।

ଏଭଳି ଲକ୍ଷ୍ୟସ୍ଥଳ ନିର୍ଦ୍ଧାରିତ କରନ୍ତୁ, ଯାହା ବାସ୍ତବରେ ଆମକୁ ଆହ୍ୱାନ କରୁଛି । ଏହାକୁ ଏକ ନୂତନ ଅନୁଭୂତି ମନେକରି ସୁଫଳ କଥା କଳ୍ପନା କରନ୍ତୁ ।

ନିର୍ଦ୍ଦେଶ : କମଳାର ପ୍ରୟୋଗ, ପଢ଼ନ୍ତୁ ।

୧୭.ବିଶ୍ୱାସ ହିଁ ସଫଳତାର ସୂତ୍ର

ଆଶା ଓ କଳ୍ପନା ଶକ୍ତି ଆମ ପ୍ରଦର୍ଶନରେ ଆଣୁଥିବା ନିପୁଣତାକୁ 'ପିଗ୍‌ମେଲିୟନ ଇଫେକ୍ଟ' କୁହାଯାଏ ।

ରିସର୍ଚ୍ଚ କଲାବେଳେ କେତେକ ଅଧ୍ୟାପକମାନଙ୍କୁ ଆଗରୁ କୁହାଗଲା ଯେ ଶ୍ରେଣୀରେ କେତେକ ଛାତ୍ର Gifted ଅଟନ୍ତି । ଏଣୁ ଉତ୍ତମ ରୂପେ ଗଠନ ସକାଶେ ବାରମ୍ବାର ସେମାନଙ୍କୁ ଆହ୍ୱାନ କରାଯିବା ଆବଶ୍ୟକ ।

ଅଧ୍ୟାପକମାନେ ଠିକ୍ ସେହିପରି କରିଥିଲେ ଯଦ୍ଵାରା ମେଧାବୀ ଓ ପ୍ରତିଭାବାନ ଛାତ୍ରମାନେ ଖୁବ୍ ଭଲ ଫଳାଫଳ ସହିତ ଉତ୍ତୀର୍ଣ୍ଣ ହେଇଥିଲେ ।

ଅବଶ୍ୟ ଦୁଇଦଳ କଲା ପୂର୍ବରୁ କୌଣସି ପ୍ରକାର ବୁଦ୍ଧିମତ୍ତା ପରୀକ୍ଷା କରାଯାଇ ନଥିଲା । ଉପରୋକ୍ତ ଶିକ୍ଷା ବିଶ୍ଵାସର ଗୁରୁତ୍ଵକୁ ଦର୍ଶାଇଥାଏ ।

୧୮.ଚେଞ୍ଜ ମେକାନଜ୍ମ (Change Mechanism)

ପରିବର୍ତ୍ତନ କିପରି ସମ୍ଭବ ହୁଏ ? ଆମେ ଆମ Perception ଦ୍ଵାରା ସ୍ନାୟୁତନ୍ତୁକୁ ଯୋଡିବା ଯୋଗୁଁ ଆମ ଅନୁଭୂତିରେ ପରିବର୍ତ୍ତନ ଆସିଥାଏ ।

ଯେତେବେଳଯାଏଁ ପିଇବାକୁ ଭଲ ଲାଗିବ, ଜଣେ ମଦ ପିଉଥିବ । କିନ୍ତୁ ଯଦି ଜଣେ ସଡକ ଦୁର୍ଘଟଣା କିମ୍ବା ମୃତ୍ୟୁ କଥା ଚିନ୍ତା କଲା ମାତ୍ରେ ମନରେ ଏକ ପରିବର୍ତ୍ତନ ଦେଖାଦେବ ।

ସୁଖ ଓ ଦୁଃଖର ଅନୁଭୂତି ଆମ ବ୍ୟବହାର ଓ ମନୋଭାବକୁ ସ୍ଥିର କରିଥାଏ ।

ନିର୍ଦ୍ଦେଶ : Stress Burster Mind capsule.

୧୯. ଗୋଟିଏ ମୁହୂର୍ତ୍ତ ହିଁ ଯଥେଷ୍ଟ

ଯେଉଁଭଳି ଭାବରେ ସମସ୍ୟା ସୃଷ୍ଟି ହୁଏ, ଠିକ୍ ସେହିଭଳି କ୍ଷଣିକ ମଧ୍ୟରେ ଆମେ ଏହାର ସମାଧାନ ମଧ୍ୟ ପାଇଥାଉ ।

ଯେକୌଣସି ନିଶା ବା ମନ୍ଦଭ୍ୟାସ ତ୍ୟାଗ କରିବାକୁ ବିଳମ୍ବର ମୁଖ୍ୟ କାରଣ ହେଉଛି ଯେ, ଏହାର ଅନୁଭୂତି ଖୁବ୍ ଡେରିରେ ହେବାରୁ ସିଦ୍ଧାନ୍ତ ଗ୍ରହଣରେ ସମୟ ଲାଗିଲା । ଦୃଢ଼ ବିଶ୍ଵାସ ରଖିବା ଉଚିତ୍ ଯେ ଏହିକ୍ଷଣି ଆମେ ପରିବର୍ତ୍ତନ ଆଣିଦେଇ ପାରିବା । ଆମ ନିଜସ୍ଵ ଇଚ୍ଛାଶକ୍ତିର ଅଭାବ ହିଁ ପରିବର୍ତ୍ତନରେ ବାଧାସୃଷ୍ଟି କରିଥାଏ ।

ଲୋକେ ପୂର୍ବରୁ ପ୍ରାପ୍ତ ବିଫଳତାକୁ ପରିବର୍ତ୍ତନ ସହିତ ଯୋଡ଼ି ଧାରଣା ସୃଷ୍ଟି କରନ୍ତି ଯେ, ଏହା ଏକ ଦୀର୍ଘ ପ୍ରକ୍ରିୟା ଅଟେ ।

ଏହି କାରଣରୁ ପରିବର୍ତ୍ତନ ଆଣିବାରେ ବହୁ ସମୟ ଲାଗିଥାଏ । ଏଗୁଡିକୁ ମନରୁ ଓହ୍ଲେଇ ଫିଙ୍ଗି ଦେବା ଉଚିତ । କାରଣ ନୂତନ କର୍ମ ହିଁ ନବୀନ ଫଳପ୍ରସୁ ହେଇଥାଏ ।

ହୁଏତ ଆପଣ ମନାକରି ଦେଇପାରନ୍ତି । କିନ୍ତୁ ଆମ ବ୍ୟବହାରରେ ବୌଦ୍ଧିକ ଗଣନା ବ୍ୟତିରେକ ଅନୁଭୂତି ସହ ସଂଶ୍ଲୀଷ୍ଟ ପ୍ରତିକ୍ରିୟାର ପ୍ରଭାବ ବେଶ୍ ପଡିଥାଏ ।

ନିର୍ଦ୍ଦେଶ : ବିଗ୍ସ୍ର ଯାତ୍ରା ।

୨୦. ପରିବର୍ତ୍ତନରେ ଧୂରନ୍ଧର

ଯନ୍ତାରେ ପଡିଥିବା ମୂଷା ଦେଖିଛନ୍ତି କି ? ସେ ଯନ୍ତାରୁ ମୁକୁଳିବାକୁ ବାରମ୍ବାର ବିଫଳ ପ୍ରୟାସ କରିଥାଏ । ଆମେ ମଧ୍ୟ ବେଳେ ବେଳେ ଏଭଳି ବିଫଳ ଚେଷ୍ଟା କରିଥାଉ । ସଂପୂର୍ଣ୍ଣ ରୂପେ Motivation ହେବା ସତ୍ତ୍ୱେ ମଧ୍ୟ ଆମେ ଏଭଳି କର୍ମ କରୁ ଯାହା କୌଣସି ସୁଫଳ ଦେଇ ନଥାଏ । ଏଭଳି ଭାବରେ ଆମେ ଆମର ଲକ୍ଷ୍ୟ ପାଇପାରିବା ନାହିଁ । ଏଣୁ ଆମ ବ୍ୟବହାରର ପେଟର୍ନ ଭାଙ୍ଗିବାକୁ ହେଲେ ଆମୋଦ-ପ୍ରମୋଦର ସାହାଯ୍ୟ ଲୋଡ଼ା ହେଇଥାଏ ।

* ଆମେ ଆମ ମସ୍ତିଷ୍କ ତଥା ଶରୀରକୁ ଏଭଳି କାର୍ଯ୍ୟକାରୀ କରିଥାଉ ଯେ ଏଭଳି ପେଟର୍ନ ଅଭ୍ୟାସରେ ପରିଣତ ହେଇଯାଏ ।
* ଆମେ ସବୁଦିନ ସେହି ଏକା ବାଟଦେଇ ଯାଇଥାଉ ଓ ଆବଶ୍ୟକ ସ୍ଥଳେ ନୂଆ ରାସ୍ତା ବାଛି ପୁରୁଣା ବାଟକୁ ଛାଡିଦେଉ ।
* ଆମ ଇମୋସନାଲ ଓ ବିହେଭିଅର ପେଟର୍ଣ୍ଣ ଆମ କଳ୍ପନା ଅନୁସାରେ ସ୍ଥିର ହେଇଥାଏ । ଆମେ ନକାରାତ୍ମକ ଭାବ ପୋଷଣ କରି ପ୍ରାୟ ରାଗିଯାଉ କିମ୍ବା ଡିପ୍ରେସନର ଶିକାର ହେଇପଡୁ ।
* ନିଜକୁ ଖୁସି, ଜୋଶ ପୂର୍ଣ୍ଣ ଓ କୃତଜ୍ଞ ହେବାକୁ ଚେଷ୍ଟା କରାଯାଉ । ପୁରୁଣା ଭାବାନ୍ତର ସୃଷ୍ଟିକରି ନୂତନ ପଦ୍ଧତି ଅନୁସରଣ କରିବା ବିଧେୟ ।

ନିର୍ଦ୍ଦେଶ : ମାଇଣ୍ଡ ଷ୍ଟିକ, ପଢ଼ନ୍ତୁ ।

୨୧. Study Table ସାମନାରେ ଏହାକୁ ମାରନ୍ତୁ

୧. ନିଜ ପୁରୁଣା ଭାବପ୍ରବଣତା କିମ୍ବା ବ୍ୟବହାର କଥା ଚିନ୍ତା କରି ତା'କୁ ଦୂରେଇ ରଖନ୍ତୁ ।

୨. ନିଜର ନୂତନ ପଦ୍ଧତିକୁ ଆପଣେଇ ଆନନ୍ଦିତ ହୁଅନ୍ତୁ ।

୩. କ'ଣ ଆମ ନୂଆ ପେଟର୍ଣ୍ଣଟା ଆମ ଲକ୍ଷ୍ୟ ତଥା ବିଶ୍ୱାସର ଅନୁରୂପ କି ?

୪. ନୂଆ ପେଟର୍ଣ୍ଣର ଲାଭ ବା ଉପକାର ପାଆନ୍ତୁ । ଯଦି ଏଥି ପୂର୍ବରୁ ମାନସିକ ଗ୍ରୁପରୁ ମୁକ୍ତି ପାଇବା ସକାଶେ Smoking କରୁଥିଲେ, ହେଲେ ବର୍ତ୍ତମାନ ଏହାର କୌଣସି ସୁସ୍ଥ ବିକଳ୍ପ ବ୍ୟବସ୍ଥା ଅଛି କି ?

୫. କଳ୍ପନା କରାଯାଉ ଯେ, ଆମେ ପରିବର୍ତ୍ତିତ ପ୍ରକ୍ରିୟାରେ ବ୍ୟବହାର ପ୍ରଦର୍ଶନ କରୁଛୁ ଓ ଆମ ପୁରୁଣା ପେଟର୍ଣ୍ଣ ରୂପାନ୍ତରିତ ହେଇଗ୍ଲିଛି ।

ନିର୍ଦ୍ଦେଶ : Electronic field of Body ପଢ଼ନ୍ତୁ ।

ପ୍ରତି ସ୍କୁଲର ପ୍ରଧାନ ଶିକ୍ଷକମାନଙ୍କୁ ମୋର ନିବେଦନ

ପ୍ରିୟ ପ୍ରଧାନଶିକ୍ଷକ ବଂଧୁଗଣ !

ମୁଁ ଆପଣମାନଙ୍କୁ ଏକଥା କହିବାକୁ ଯାଉଛି, ଯିଏ ମୋତେ ଏହି ବହିଟି ଲେଖିବାକୁ ପ୍ରେରଣା ଯୋଗେଇଛି । ୧୯୭୭ ମସିହାରେ ଗୁରିବର୍ଷର ଛୁଆ ହୃଦୟରେ ଏକ ଛିଦ୍ର ଦେଖାଗଲା । ସେତେବେଳେ ଡାକ୍ତରମାନେ Open Heart Surgery ସକାଶେ ପରାମର୍ଶ ଦେଲେ । Operation Success ହେବାର ମାତ୍ର 50% Chance ଥିଲା । ଅନ୍ତତୋଗତ୍ୱା Operation Success ହେଲା । ଡାକ୍ତରମାନେ କହିଲେ ଯେ, ପିଲାଟାର ହୃଦୟ ଦୁର୍ବଳ ଥିବାରୁ ଏଭଳି କୌଣସି କାମ୍ କରିବାକୁ ବାରଣ କରାଗଲା, ଯଦ୍ଧାରା କି ହୃଦ୍‌ଯନ୍ତ୍ରରେ କୌଣସି ପ୍ରକାର ଦୁଷ୍ପ୍ରଭାବ ପଡ଼େ ।

ଏକ ସାଧାରଣ ପରିଶ୍ରମୀ ଛାତ୍ର ଶ୍ରେଣୀରେ ସାମାନ୍ୟ ନମ୍ବର ରଖି ପାସ୍ ହେଉଥାଏ । ତାକୁ ସର୍ବଦା ପରୀକ୍ଷାବେଳେ ରଚନା ଲେଖିବାରେ ବିଶେଷ ଅସୁବିଧା ହେଉଥିଲା ।

ଏଥର ଅନ୍ୟ ଏକ କାହାଣୀ ଶୁଣନ୍ତୁ, ଏହା ଉକ୍ତ ବ୍ୟକ୍ତିର ନିଜସ୍ୱ କାହାଣୀ ଅଟେ; ଯାହାର ନାମ ଗିନିଜ ବୁକ୍ ଅଫୱାର୍ଲ୍ଡ ରେକର୍ଡ୍‌ସ (Guiness Book of World Records) ରେ ସାମିଲ ହେଇପାରିଛି । ସେ ଦୁଇଟା ବିଶ୍ୱରେକର୍ଡ ସୃଷ୍ଟି କରିଛନ୍ତି । ପ୍ରଥମଟି ହେଲା - ୧ମିନିଟରେ 198 Push-up କରିବା ତଥା ଦ୍ୱିତୀୟଟି ହେଉଛି - ଜର୍ମାନୀର ମିଶେଲ ବୁକ୍ ୱାଲଡୋବାଙ୍କର ମେମୋରୀ ରେକର୍ଡ ଭାଂଗି ନୂତନ ରେକର୍ଡ ସୃଷ୍ଟି । ସେ Memory, Mind & Body ବିଷୟକୁ ନେଇ ୨୫ରୁ ଅଧିକ ବହି ଲେଖିଛନ୍ତି ଯେଉଁଥିରେ Dynamic Memory Methods & Impossible... Possible ଭଳି Best Seller Books ଅନ୍ୟତମ । ସିଏ Memory Lab, Neurobic Mechine, Neumanic Pan, Happiness Machine ଓ Animated କମିକ୍ସ Energy Card ର Inventor ଅଟନ୍ତି ।

ଏହି ଉଭୟ କାହାଣୀଟି ହେଉଛି ଜଣେ ବ୍ୟକ୍ତିଙ୍କର ଆଉ ସେ ବ୍ୟକ୍ତି ଜଣକ ହେଉଛି 'ମୁଁ' । ଯଦି ମତେ କେହି ପ୍ରଶ୍ନ କରେ ଯେ, ଏଭଳି ଉପଲବ୍‌ଧି ପାଇବା କିପରି ସମ୍ଭବ ହେଲା ? ତେବେ ଉତ୍ତରରେ ମୁଁ କହେ, "ଗୁଡାଏ ବହି ପଢ଼ି ଆଉ Brain & Body's Mechanism ଜାଣି ।"

ଦୁର୍ଭାଗ୍ୟବଶତଃ ସେସବୁ ବହି ଆମ ସ୍କୁଲ କିମ୍ବା କଲେଜ ପାଠ୍ୟକ୍ରମରେ ଅନ୍ତର୍ଭୁକ୍ତ ନୁହଁ ।

ନିଜ ସ୍କୁଲ ତଥା କଲେଜ ପଢ଼ା ସାରି ମୁଁ ମୋ ପସନ୍ଦର ବହି ପଢ଼ିବାକୁ ସୁଯୋଗ ଓ ସମୟ ପାଇପାରିଲି । ସେତେବେଳେ ମୁଁ ଜାଣିପାରିଲି ଯେ ମଣିଷର ଦେହ ଓ ମସ୍ତିଷ୍କର ବାସ୍ତବିକ ସାମର୍ଥ୍ୟ କେତେ !

ବେଳେବେଳେ ମତେ ମନେହୁଏ, ଯଦି ସ୍କୁଲ ଜୀବନରେ ଏଭଳି କୌଶଳର କଥା ଜଣାଥାନ୍ତା, ତେବେ ମୁଁ ମୋ ବାଲ୍ୟକାଳ ଖୁବ୍ ଭଲ ଭାବରେ ଅତିବାହିତ କରିଥାନ୍ତି ।

ମୋର ହୃଦ୍‌ବୋଧ ହୁଏ ଯେ, ଏଭଳି କୌଶଳ ଆମ ସ୍କୁଲ ପଢ଼ାର ଏକ ଅଂଗ ହେବା ଦରକାର; ଯଦ୍ୱାରା ବିଭିନ୍ନ ସ୍କୁଲର ଛାତ୍ର ନିଜ ବାସ୍ତବିକ କ୍ଷମତା ବା ସାମର୍ଥ୍ୟକୁ ଚିହ୍ନି ନିଜ ଲକ୍ଷ୍ୟସ୍ଥଳ ନିର୍ଦ୍ଧାରଣ କରନ୍ତେ ।

ଆପଣମାନେ ନିଜ ନିଜ ସ୍କୁଲରେ 'Mind Corner' ଲଗେଇ ଉଭୟ ଛାତ୍ର ଓ ଅଧ୍ୟାପକମାନଙ୍କୁ ସାହାଯ୍ୟ କରିପାରିବେ । ଏପର୍ଯ୍ୟନ୍ତ ଦେଶର ଶତାଧିକ ସ୍କୁଲମାନଙ୍କରେ ଏଭଳି Mind Corner ସ୍ଥାପିତ ହେଲାଣି ।

ବିସ୍ତୃତ ଭାବରେ ଜାଣିବା ପାଇଁ ମୋବାଇଲ ନଂ- ୦୯୩୧୨୨-୮୬୫୪୦ ଯୋଗେ ନିଜ ନାମ ଓ ସ୍କୁଲର ନାମ SMS କଲେ ମୁଁ 24 ଘଣ୍ଟା ମଧ୍ୟରେ ଆପଣଙ୍କ ସହିତ ଯୋଗାଯୋଗ କରିବି । ଆମେ ସମସ୍ତେ ମିଶି ପିଲାଙ୍କୁ ତାଙ୍କ ଭବିଷ୍ୟତର ସ୍ୱପ୍ନ ସାକାର କରିବାରେ ସାହାଯ୍ୟ କରିପାରିବା । ସଧନ୍ୟବାଦ ।

ଇତି

ଆପଣଙ୍କର

ବିସ୍ୱରୂପ ରାୟ

ଚୌଧୁରୀ

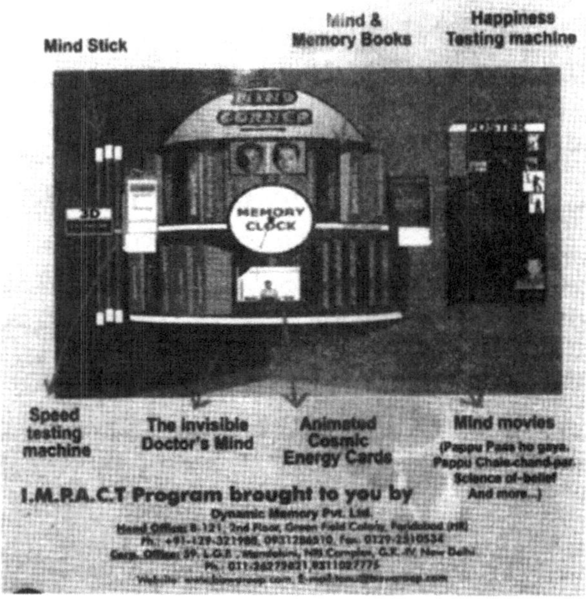

ନିଜସ୍ୱ ସ୍ୱତନ୍ତ୍ର ପ୍ରତିଭା (Special Talent) ପ୍ରଦର୍ଶନ କରନ୍ତୁ ।

ଆମେ ସମସ୍ତେ ନିଜ ସାଥିରେ କୌଣସି ନା କୌଣସି ବିଶେଷ ଦକ୍ଷତା ନେଇ ଏ ସଂସାରରେ ଜନ୍ମଗ୍ରହଣ କରିଛୁ । ଚିନ୍ତା କରନ୍ତୁ, ନିଜେ ନିଜକୁ ପଗ୍ଭରନ୍ତୁ ଆଉ ନିଜ ଭିତରେ ଲୁକ୍‌କାୟିତ ଥିବା ପ୍ରତିଭାକୁ ଖୋଜି ପଦାକୁ କାଢ଼ନ୍ତୁ । ହେଇପାରେ ଆପଣଙ୍କ ପାଖରେ ଡାକଟିକଟର ଏକ ବୃହତ୍ ସଂଗ୍ରହ କିମ୍ବା ବାମ ହାତରେ ୧ ମିନିଟରେ ଅଧିକରୁ ଅଧିକ ଅଣ୍ଡା ଫଟେଇବାର ରେକର୍ଡ ସୃଷ୍ଟି କରିବାର ସାମର୍ଥ୍ୟ ଥିବ । ନତୁବା ଏପରି ଅନ୍ୟ କିଛି । India Book of Records ଜରିଆରେ ନିଜସ୍ୱ ନିଆରା ପ୍ରତିଭା ଦେଖାନ୍ତୁ; ଯାହାକି ଆପଣଙ୍କ ସକାଶେ ହୁଏତ କୌଣସି ନୂତନ ସୁଯୋଗର ଦ୍ୱାର ଉନ୍ମୁକ୍ତ କରିଦେଇପାରେ ।

ଆମ ସହିତ ଯୋଗାଯୋଗ କରନ୍ତୁ :-
Email : indiabookofrecord@gmail.com
Or Call at : 91-9999436779
ଠିକଣା : ଇଣ୍ଡିଆ ବୁକ୍ ଅଫ୍‌ରେକର୍ଡସ
B-121,II ଫ୍ଲୋର; ଗ୍ରୀନ ଫିଲ୍ଡ଼ସ୍
ଫରିଦାବାଦ - ୧୨୧୦୦୩(ହରିଆଣା)

In-House Work Shop ପାଇଁ ଯୋଗାଯୋଗ କରନ୍ତୁ ।

Fax : 0129 - 2510534
Email-biswaroop@yahoo.com
SMS : 09312286540

Address :-
Dynamic Memory Pvt. Ltd
B-121, IInd Floor, Green Fields
FARIDABAD - 121003
Hariyana (India)

ଆମର Product & ଫ୍ରେଞ୍ଚାଇଜ ନେଟଓ୍ୱାର୍କ ବିଷୟରେ ଜାଣିବା ପାଇଁ (ପ୍ରତ)

www.biswaroop.com ରେ logon କରନ୍ତୁ :-

ମୋ ସହିତ ଯୋଗାଯୋଗ କରିବା ପାଇଁ logon କରନ୍ତୁ :-
http://www.facebook.com/pages/Biswaroop-Roy-Chowdhury/117044468312071

http:/twitter.com/biswarooproy